오계이야기

일타 큰스님 지음

효림

오계이야기

초 판 1쇄 펴낸날 2000년 1월 3일(초판 10쇄 발행)
개정판 3쇄 펴낸날 2022년 11월 2일

지은이 일타큰스님
펴낸이 김연지
엮은이 김현준
펴낸곳 효림출판사

등록일 1992년 1월 13일 (제2-1305호)
주 소 서울시 서초구 반포대로14길 30, 907호 (서초동, 센츄리I)
전 화 (02) 582~6612・587~6612
팩 스 (02) 586~9078
이메일 hyorim@nate.com

값 5,500원

ⓒ 효림출판사. 1998
ISBN 978-89-85295-79-6   03220

잘못 만들어진 책은 바꾸어 드립니다.
이 책은 저작권법에 따라 보호를 받는 저작물이므로 무단전재와 무단복제를 금지합니다.

서 문

　불교의 공부는 계戒·정定·혜慧의 삼학三學으로 압축되며, 삼학 가운데서도 가장 앞서는 것은 계학 戒學이다. 곧 계율을 잘 지켜 몸과 마음을 잘 단속하면 저절로 고요하고 맑은 선정禪定을 이룰 수 있게 되고, 고요함과 맑음이 더하면 밝은 지혜智慧의 빛이 생겨나 해탈을 이룰 수 있게 되는 것이다.

　그러므로 모든 불자들의 공부는 계율을 올바로 지키는 것으로부터 시작되어야 한다. 아무리 깊은 선정을 닦고 지혜를 이루는 공부를 할지라도, 감로의 해탈법을 담는 그릇인 계기戒器가 온전하지 못하다면 감로수는 온전하게 보전될 수가 없다. 따라서 불자다운 삶을 살고자 하면 부처님께서 제정하신 계율을 잘 지키며 살아야 한다.

특히 재가계·출가계·보살계 등의 모든 계율에 공통적으로 보이고 있는 살생·투도·사음·망어의 근본 4계에 불음주계를 합한 5계를 잘 이해하고 지키게 되면 참된 해탈을 보장하는 계기戒器를 만들 수 있고, 그 계의 그릇 속에다 자비·복덕·청정·진실·지혜의 감로수를 한껏 담을 수 있게 되는 것이다.

그리고 이 책의 말미에 재가의 불자들이 5계 수계의식 때 행하는 〈오계수계정범 五戒受戒正範〉을 첨부하여 수계의식에 도움이 되도록 하였다. 부디 많은 불자들이 이 책을 읽고 근본계율에 깃든 의미를 '나'의 것으로 만들어, 해탈을 향해 나아가는 참된 불자의 삶을 이룩할 수 있게 되기를 축원해 마지않는다.

불기 2543년 가을
東谷 日陀 합장

차 례 / 오·계·이·야·기

서 문 ······ 5

Ⅰ. 불살생不殺生 · 9

불살생을 제1계로 삼은 까닭 · 9
살생의 여러 가지 유형 · 14
살생의 과보 · 19
살리는 속에 깃드는 행복 · 24
살생계는 꼭 지켜야만 하는가 · 31

Ⅱ. 불투도不偸盜 · 37

왜 불투도를 제2계로 삼았는가 · 37
투도의 여러 가지 유형 · 42
투도의 과보 · 47
복덕을 지으며 살자 · 55

Ⅲ. 불사음不邪淫 · 64

왜 불투도를 제2계로 삼았는가 · 37
투도의 여러 가지 유형 · 42
투도의 과보 · 47
복덕을 지으며 살자 · 55

차례 / 오·계·이·야·기

IV. 불망어 不妄語 · 88

진실을 깨뜨리는 망어 · 88
망어의 여러 가지 유형 · 93
살리고 깨우치는 불망어계 · 102

V. 불음주 不飮酒 · 108

음주의 허물 · 108
불음주계는 차계遮戒이다 · 114
재가불자와 출가스님의 불음주계 · 119
술을 팔지 마라 · 127

● 오계수계정범 五戒受戒正範 · 133

⊙ 오계의 노래 · 151

Ⅰ. 불살생不殺生

불살생을 제1계로 삼은 까닭

 불교의 근본계율인 5계 중 제1계는 불살생계(不殺生戒)이다.
 불교의 모든 계율 중, 청정을 생명으로 삼는 스님들만이 지키는 구족계(具足戒)의 제1계만이 '음행하지 말라'는 불음계(不淫戒)일 뿐, 나머지 재가계·보살계·사미계 등은 모두 불살생계를 제1계로 삼고 있다.
 그렇다면 왜 대부분의 계율에서는 불살생계를 첫머리에 둔 것일까? 그 까닭은 생명존중 정신과 자비심을 기르기 위해서이다.

　동서양을 막론하고 자신의 부귀영화를 바라지 않는 사람은 없다. 누구나가 이 육신만은 병 없이 항상 건강하고, 우리 가족은 늘 편안하며, 하는 일마다 다 잘 되기를 희망한다.

　그러나 그것이 뜻대로만 되지는 않는다. 하찮은 일들이 점차 큰 문제로 발전하여 밤낮으로 괴롭히니, 근심 걱정이 끊이지 않고 편안할 날이 별로 없다. 1년 12달 365일을 지내놓고 나서 가만히 돌이켜 보라. 병든 날, 근심하고 걱정한 시간, 남하고 다투며 싸운 시간 등을 빼고 나면 참으로 마음 편한 날이 며칠이나 되었나를. 여기에다 다시 죽음의 사촌이라고 하는 잠자리에 든 시간까지 제하여 보라.

　또 있다. 잠을 깬 낮이라 하더라도 옳지 못한 생각, 나쁜 행동을 한 동안은 떳떳한 삶을 살았다고 할 수가 없을 것이다. 도리어 그 시간은 병을 앓거나 떳떳한 삶을 위해 근심 걱정을 하며 산 시간보다 더 가치가 없는 시간이다. 잠자리에 든 시간만도 못한, 그야말로 썩은 삶이요 죽은 삶이라고 하지 않을 수 없다.

과연 우리가 누리는 가치 있는 시간이란 얼마만큼이나 되는 것일까?

육신의 괴로움과 생활고로 인한 괴로움, 그리고 마음의 괴로움…. 이와 같은 괴로움으로 가득 차 있는 것이 우리의 인생이다.

그러나 이런 괴로움, 저런 괴로움이 가득하다 할지라도 인생에 있어 가장 큰 괴로움은 역시 죽음이다. 재산이 소중하고 부귀영화가 아무리 좋다 해도 그것을 생명과 맞바꿀 수는 없다.

그 까닭이 무엇인가? 이 세상에 있어 생명보다 더 소중한 것은 없기 때문이다. 아무리 장수를 하고 유복한 일생을 산 사람이라 하더라도 '이제 살 만큼 살았으니 그만 죽어라'고 하면 섭섭해 하지 않는 사람이 없다.

끝없이 살려 하고 무조건 죽기 싫어하는 것이 생명에 대한 모든 중생의 공통된 본능이다. 어느 사람 할 것 없이 자신의 생명은 전 우주와도 바꿀 수 없고 부처님이나 하느님보다 더 소중히 여긴다.

인간뿐만이 아니다. 나는 새도, 미물인 곤충의 경

우에 있어서도 생존을 지속하려고 하는 강렬한 욕망은 커다란 애착으로, 그 무엇과도 바꿀 수 없는 애념(愛念)으로 정착되어 가는 것이다.

따라서 모든 중생은 생의 반대인 죽음을 두려워하게 되고, 어떻게 해서든지 죽음을 면해 보겠다는 생각이 잠재의식의 밑바닥에 깊이 자리 잡게 되는 것이다.

나아가 생에 대한 애념이 강한 만큼 죽음에 대한 혐오(嫌惡) 또한 비례하기 마련이다. 생을 희구하고 죽음을 미워하는 마음은 어찌할 수 없는 중생의 본성인 것이다.

이와 같이 모든 중생이 본능적으로 가장 소중하게 여기는 것이 생명이기 때문에 남의 생명을 끊는 것보다 더 큰 죄업은 있을 수가 없다. 그리고 내 목숨이 소중한 것과 마찬가지로 남의 목숨도 소중한 것이기 때문에, 부처님께서는 불교계율의 첫머리에 살생을 저지르면 안 된다는 불살생계를 둔 것이다.

또 한 가지 이유는, 살생이 '불성(佛性)의 씨앗'이 싹트는 것을 막는 행위일 뿐 아니라 자비심을 애초부터 거역하는 행위이기 때문이다.

**자심慈心으로 능히 중생을 즐겁게 해주고
비심悲心으로 능히 중생의 괴로움을 뿌리 뽑네**
　　以慈能與衆生之樂　이자능여중생지락
　　以悲能拔有情之苦　이비능발유정지고

참된 불자라면 사랑하는 마음〔慈心〕으로 중생에게 즐거움을 베풀어주고, 가여워하는 마음〔悲心〕으로 중생들의 괴로움을 건져주어야 한다.

그러나 이 자비는 다른 중생만을 위하는 것이 아니다. 바로 '나' 자신을 위하는 것이다. 바로 이 자비는 우리를 깨달음의 길로 인도하는 지름길이요, 부처를 이룰 수 있게 하는 덕행(德行)이다.

부처님께서 불살생계를 제1계로 삼은 까닭은 불교 정신의 결정체인 자비심을 일깨워 해탈의 세계로 나아가게하기 위함이었던 것이다.

살생의 여러 가지 유형

우리 불자들이 즐겨 받는 '보살계'를 보면, 부처님께서는 살생의 범주를 다음과 같이 정하고 있다.

"너희 불자들이여, 만일 스스로 죽이거나(自殺) 남을 시켜 죽이거나(敎人殺) 방편을 써서 죽이거나(方便殺) 찬탄하여 죽게 하거나(讚歎殺) 죽이는 것을 보고 기뻐하거나(見作隨喜) 주문으로 죽이는(呪殺) 그 모든 짓을 하지 말지니라."

부처님께서는 보살계에서 살생의 유형으로 자살·교인살·방편살 등 여섯가지를 밝혀 놓으셨다.
　① 자살(自殺)은 스스로 죽은 것이 아니라, 자기 자신이 남을 직접 죽이는 살생 행위를 가리킨다. 곧 친신행살(親身行殺), 일반용어로 바꾼다면 '직접살인'이라고 하는 것이 가장 적절한 표현이 될 것이다.
　② 교인살(敎人殺)은 다른 사람을 설득하여 자신을 위해서나 그 사람 또는 제3자를 위해 살인행위를 하

게 하는 것이다. 이에 대해 중국의 홍찬스님은 '말로 다른 사람을 시켜 살해하는 것〔口敎他人殺害〕'이라고 하였다.

『대지도론 大智度論』에서는, "입으로 설득하여 다른 사람으로 하여금 살인하게 하는 것을 가리키며, 상처를 입히는 정도를 일컫는 것은 아니다."라고 하였으며, 율부(律賦)에서는 자객을 보내는 것 등을 예로 들고 있다.

곧 교인살은 사람을 대면하여 살인하도록 가르치거나, 사람을 보내 살인하도록 시키거나, 글을 써서 설득하여 살생을 하게 하는 등의 경우를 지칭한다.

③ **방편살**(方便殺)은 어떤 방법을 동원하여 간접적으로 살생을 하는 것을 가리킨다. 곧 함정을 파놓은 길로 죽이고자 하는 사람을 가게끔 유도하여 죽이거나, 약을 먹여 태아가 죽도록 만드는 것, 음식물 등에 독약을 넣어 먹는 사람이 죽도록 하는 것 등이 여기에 속한다.

④ **찬탄살**(讚歎殺)은 죽을 마음이 없는 사람에게 죽는 것을 좋아하게 만들어 스스로 목숨을 끊도록 하

는 것이다. 죽음이 아름다운 덕이 됨을 역설하고, 죽음을 실천하면 많은 선공덕(善功德)을 성취하게 된다고 부추겨 죽음의 길로 들어서게 만드는 것 등이다.

만약 어떤 사람에게, "산다는 것 자체가 괴로움을 뜻하는 것이다. 신을 위해 죽는다면 하늘에 태어나 한량없는 즐거움을 받을 것이다."라고 설득하여 그로 하여금 스스로 죽게 한다면 곧 찬탄살이 되는 것이다.

그리고 죽음을 찬탄하고 설득하는 방법에도 여러 가지가 있다. 입으로 말하는 것은 물론, 몸으로 찬탄하는 모습을 지어 보이는 경우, 사람을 보내어 찬탄의 말을 전하거나 글을 전달함으로써 스스로 죽도록 만드는 경우 등이 있다.

⑤ 견작수희(見作隨喜)는 다른 이가 죽이는 것을 보고 따라서 기뻐하는 것을 가리킨다. 그 죽은 이가 내가 좋아하는 사람이거나 미워하는 사람이거나를 막론하고, 죽음 그 자체를 기뻐하면 견작수희가 되고 만다.

⑥ 주살(呪殺)은 주문을 외워서 귀신으로 하여금

사람을 죽이게 하는 것을 말한다. 옛날 인도에는 죽은 시체를 일으켜 움직이게 하는 귀주(鬼呪)가 있었는데, 이것을 '비다라(毘陀羅)'라고 하였다.

아직 다 부패하지 않은 시체 앞에서 귀신을 부르는 주문을 29일 동안 외워, 귀신으로 하여금 시체를 일으키게 한 다음 물로 목욕을 시키고 옷을 입힌다. 그리고 칼을 그에게 주고 수레에 태워 지정하는 사람에게로 가서 죽이도록 가르치는 주살법이 있었던 것이다. 또 중국에도 나쁜 주문을 외워 사람을 죽이는 술법이 있었다고 한다. 이와 같이 나쁜 귀신을 불러 삿된 기운으로 사람을 죽이는 것이 주살인 것이다.

부처님께서는 이상과 같은 여섯 가지 살생행위 뿐만이 아니라, 살생과 관련된 인(因)과 연(緣)과 법(法)과 업(業)을 모두 짓지 말라고 가르치셨다.

이 네 가지 가운데, 살인(殺因)은 '죽이고자 하는 한 생각을 일으키는 것'이다. 최초로 일어나는 살심(殺心)이 바로 인이 됨을 가리키는 말이다.

살연(殺緣)은 죽이려는 마음을 한 번에 그치지 않

고 계속 가지고 있으면서 살생할 수 있는 구실이나 여건을 조성하는 것을 가리키며, **살법**(殺法)은 살생할 구체적인 방법을 생각하고 도구 등을 만드는 것을 가리킨다.

이와 같이 살인과 살연과 살법이 무르익으면 마침내 **살업**(殺業)을 짓게 되는데, 살업은 상대의 목숨을 완전히 끊어서 생명을 더 이상 지속할 수 없게 만든 상태, 곧 살생의 행위를 다 마친 것을 가리킨다. '마침내 명을 끊어 업을 이루고 만 것〔命斷成業〕'이 살업인 것이다.

부처님께서는 살생의 인·연·법·업을 짓지 말 것을 당부하신 다음, 거듭 "일체 생명이 있는 것을 짐짓 죽이지 말아야 한다."고 하셨다.

'짐짓 죽인다'는 것은 남을 상해할 마음을 가지고 죽이는 것을 가리킨다. 따라서 죽일 마음이 전혀 없었는데 어떻게 하다 보니 잘못되어 살생을 저지르고 만 사람에 대해서는 '짐짓 죽인 자'라고 하지 않는다.

이상과 같이 부처님께서는 불살생계를 받아 지니

는 이들의 마음으로부터 일어나는 살심(殺心)까지도 근원적으로 막아 참된 불자의 길로 나아갈 수 있도록 하신 것이다.

살생의 과보

그럼 살생을 저지르면 어떠한 과보를 받게 되는가? 당연히 그 과보는 죽음 또는 죽음과 버금가는 고통으로 이어진다. 먼저 이 산승과 관계가 있었던 한 편의 실화부터 살펴보도록 하자.

❀

1971년 여름, 당시의 2군사령관 집안에는 매우 불행한 사건이 불어 닥쳤다. 서울대학교에 재학 중이던 사령관의 외아들이 친구들과 함께 김포 앞바다로 해수욕을 가서 다이빙을 하다가, 물속의 뾰족한 바위 끝에 명치가 찔려 죽은 것이다.

그지없이 착하고 말 잘 듣고 공부도 잘 하였던 외아들이 너무나 허무하게 죽어버리자, 사령관은 먹지도 자지도 않고 방안에만 틀어박혀 슬픈 나날을 삭이고 있었다.

이윽고 팔공산 동화사에서 아들의 49재(齋)를 지내던 날이었다. 스님들의 독경과 염불을 들으며 아들의 명복을 빌던 사령관이 갑자기 자리를 박차고 일어나 위패를 모신 영단(靈壇)을 향해 벽력같이 소리를 내지르는 것이었다.

"이놈의 새끼! 모가지를 비틀어 죽여도 시원찮은 놈! 이놈―!……"

감히 보통 사람으로는 입에도 담지 못할 욕설을 있는 대로 퍼붓고는, 재가 끝나지도 않았는데 법당을 뛰쳐나가 버렸다. 독경하던 스님과 재에 참석했던 사람들은 영문을 알 수 없는 돌발적인 소동에 어리둥절해 할 뿐이었다.

그날 밤 1시경, 2군사령부의 헌병대장이 나를 데리러 왔고, 나와 마주 앉은 사령관은 자신의 과거 이야기 한 편을 들려주었다.

"6·25 사변 당시 저는 30여단장을 역임하고 있었습니다. 늘 자신감에 넘쳐흘렀던 저는 백두산 꼭대기에 제일 먼저 태극기를 꽂기 위해 선두에 서서 부대원들을 지휘하며 북진에 북진을 거듭하고 있었지요.

그런데 이승만 대통령으로부터 갑자기 전문(電文)이 날아왔답니다. '지휘관 회의가 있으니 급히 경무대로 오라'는 것이었습니다. 저는 황급히 경무대를 향해 출발하면서, 평소 아끼고 신임하던 부관에게 거듭거듭 당부하였습니다.

'들리는 소문에 의하면 중공군 수십만 명이 내려오고 있다고 한다. 한시도 경계를 게을리 해서는 안 된다. 만일 내가 시간 내에 돌아오지 못하면, 부관이 나 대신 백두산 꼭대기에 태극기를 꽂아라.'

그런데 '가는 날이 바로 장날'이라더니, 그날 저녁 중공군 30만 명이 몰려와서 산을 둘러싸고 숨 쉴 틈 없이 박격포를 쏘아대는 바람에 우리 부대원들은 거의 대부분이 몰살당했습니다. 뒤늦게 급보를 받고 달려가 보니 눈뜨고는 볼 수 없는 처참한 광경이었습니다. 저는 급히 부관을 찾았습니다.

'부관은 어디에 있는가?'

얼마동안 찾다가, '어찌 그 와중에 부관인들 무사할 수 있었을까?' 하는 생각에 한 가닥 희망조차 포기한 채 허탈한 마음으로 사무실에 앉아 있었습니다. 그런데 당연히 죽었을 것으로 여겼던 부관이 쫓아 들어온 것입니다.

'살아 있었구나. 어떻게 너는 살아남을 수 있었느냐?'

'죄송합니다. 실은 이웃 온천에 있었습니다.'

'온천? 누구와?'

'기생들과 함께…'

'너 같은 놈은 군사재판에 회부할 감도 되지 못한다. 내 손에 죽어라.'

어찌나 부아가 치미는지 그 자리에서 권총 세 발을 쏘았고, 부관은 피를 쏟으며 나의 책상 앞에 고꾸라졌습니다.

그것이 바로 21년 전의 일인데, 어찌된 영문인지 오늘 낮 아들의 위패를 놓은 시식상(施食床) 앞에 그 부관이 나타난 것입니다. 그 모습이 너무도 생생하였으므로 엉겁결에 일어나 고함을 치고 욕설을 퍼부었습니다.

그런데 집에 돌아와 곰곰이 생각해 보니, 바로 그날 죽은 부관이 이번에 죽은 아들로 태어난 것이 틀림없음을 깨달았습니다. 부관이 죽은 날과 아들이 태어난 날짜를 따져 보아도 정확하게 일치하는 지라 틀림이 없어 보였습니다. 그래, 야밤임에도 불구하고 스님을 모셔오게 한 것입니다."

§

당시의 2군사령관이었던 육군 중장 박은용 장군은 이렇게 이야기를 매듭지었다. 부관은 자기의 가슴에 구멍을 내어 죽인 상관의 가장 사랑하는 외동아들로 태어났고, 가슴을 다쳐 죽음으로써 아버지의 가슴에 구멍을 낸 것이다.

이처럼 당연히 죽어야 할 자를 죽인 경우에도 살생의 과보는 최소한 가슴의 큰 못이 되어 돌아오게끔 되어 있다.

단명(短命)한 사람, 병이 많은 사람 또한 전생의 살생한 업을 지금 받는 경우가 대부분이니, 불자들은 모름지기 남의 속을 썩이거나 겉을 상해하지 말아야 한다.

모든 현상에는 결코 우연이 없다. 반드시 그렇게 될 원인이 있기 때문에 결과로서의 여러 가지 현상이 있게 되는 것이다. 하물며 생사문제와 같은 중대한 일이야 말할 것이 있겠는가?

인과응보와 생사윤회를 믿는 불자는 이 살생계만은 반드시 지켜야 한다. 뿐만 아니라 참된 자비심을 일으켜서 일체 중생을 평등하게 아끼고 사랑하는 불자가 되고자 노력하지 않으면 안 된다.

살리는 속에 깃드는 행복

여기서 잠깐 태국·스리랑카·미얀마 등 남방의 불자들이 외우는 불살생계문을 살펴보도록 하자. 그들은 절에 오면 부처님 앞에 꿇어앉아 세 번 절을 하고 삼귀의를 외운 다음, 5계를 잘 지키며 살겠다는 맹세를 한다.

그들의 5계를 외울 때 제일 먼저 외우는 것이 불살생계인데, 그 말의 뜻이 아주 묘하다.

"파안나티파타 베라마니(Pāṇatipātā veramaṇi)"

안나티파타(āṇatipātā)는 그냥 '살생하지 말라'는 말이 아니라 '안과 밖으로 살생하지 말라', '속으로도 겉으로도 남을 상해(傷害)하지 말라'는 말이다. '안(āṇ)'은 하지 않겠다는 뜻의 부정사이고, '나티(ṇati)'는 안을 상해한다, '파타(pātā)'는 밖을 상해한다는 뜻이 있기 때문이다.

남의 속을 상하게 하지 않는 사람은 자기의 속도 상하는 일이 없고, 자기의 속을 상하지 않게 하는 사람은 남의 속도 상하지 않게 한다.

똑같은 이치로 남의 육신을 상해하지 않게 되면 자기의 몸도 상해를 입지 않게 되고, 남을 때리지 않는 사람은 남에 의해 다칠 것을 걱정하지 않는 사람으로 바뀌게 되는 것이다.

남방 불교도들이 '안나티파나'라고 함은 "안과 밖으로 폭력을 써서 남에게 해를 끼치는 일이 없도록 하겠습니다." 하는 맹세인 것이다.

❀

언젠가 텔레비전에서 〈장수만세〉라는 프로를 보았는데, 아나운서가 일흔이 넘은 한 노인에게 질문하였다.

"장수의 비결이 무엇입니까?"

"우리 마누라 속을 썩이지 않는 것이 저의 장수 비결입니다."

이 대답에 참가한 모든 사람들이 박장대소를 하였다.

그러나 그냥 우스갯소리 같은 이 말 속에 깊은 생활철학이 담겨져 있음을 느낄 수 있었다. 왜 그러한가? 사람이 한평생 살아가는 데 있어 부부보다 더 가까운 사람이 어디 있겠는가? 부부는 모든 일을 함께 의논하며 살아간다. 부부는 한 몸이요, 서로를 가장 아껴주는 이가 부인이고 남편인 것이다.

이와 같이 한 몸이나 다를 바 없는 부인의 속을 썩이지 않는다면 남편의 마음도 그만큼 편안할 것이다. 또 남편 때문에 속을 상할 일이 없는 부인은 항상 즐겁고 평화롭고 따스한 마음을 갖추게 될 것이며, 자연히 음식도 정성껏 만들고 때때로 정성껏 달인 보약도 대령할 것이다. 어찌 남편이 건강해 지지 않을 수 있으리.

이와는 반대로 부인의 속을 썩여 놓으면 화가 머리 끝까지 올라 음식도 아무렇게나 할 것이고, 설사를 하든 체하든 무슨 상관이냐는 식으로 대할 것이다. 그렇게 되면 당연히 남편의 속도 썩게 마련이고, 마음마저 불편하여 하는 일까지 시원스럽게 풀리지 않게 되고 말 것이다.

이렇게 볼 때 '마누라 속을 썩이지 않는 것이 장수의 비결'이라고 한 그 노인의 말은 명답이 아닐 수가 없다. 실로 남방 불교권의 살생계문에서 말한 '안나티파타'의 정신이 그대로 담겨져 있는 것이다.

"남의 속을 상하게 하지도 말고 남의 겉을 상하게 하지도 말라."는 말은 불살생의 뜻을 보다 근원적이고 심층적으로 분석하여 표현한 것이며, 그 노인의 생활신조도 불살생계의 교훈과 일치하고 있는 것이다.

그리고 불살생계에서 한 걸음 더 나아가 자비로써 생명을 살리면 그 공덕은 참으로 불가사의한 데까지 이른다.

❊

옛날, 관상을 잘 보는 한 스님이 친구의 아들을 상좌로 데리고 있었다. 아들의 명이 너무 짧으므로 스님을 만들면 짧은 명을 넘길 수 있지나 않을까 하여 보내왔던 아이였다.

어느 날 상좌의 관상을 보던 스님은 깜짝 놀랐다. 1주일 안에 상좌가 죽을상이었기 때문이었다. 친구의 어린 아들이 절에서 죽으면 친구 내외가 너무 섭섭해할 것 같았던 스님은 다만 며칠이라도 부모 옆에서 같이 지내게 해주는 것이 좋으리라 생각하여 상좌에게 말하였다.

"집에 가서 삼베옷도 한 벌 만들고 무명옷도 만들

고 버선도 짓고 하여, 한 열흘 다녀오너라."

그 동안에 집에 가서 부모도 만나고 부모 앞에서 죽으라는 것이었다. 그런데 그 상좌는 열흘이 지난 뒤에 옷도 만들고 버선도 짓고 스님 잡수시라고 떡까지 해 가지고 아무 일 없이 돌아왔다. 돌아온 상좌의 얼굴을 보고 스님은 이상하게 생각하였다.

얼굴이 본래 단명할 상에다 최근에 상이 아주 나빠져서 꼭 죽는 줄 알았는데, 그 나쁜 기운이 완전히 사라졌을 뿐 아니라 앞으로 장수할 상으로 변하여 있었던 것이다. 틀림없이 사연이 있을 것이라고 생각한 스님은 상좌에게 자초지정을 물었고, 상좌는 다음과 같이 사실을 아뢰었다.

"집으로 가는 길에 작은 개울을 건너가게 되었는데, 개미떼 수천 마리가 새까맣게 붙어 있는 큰 나무 껍질이 흙탕물에 떠내려 오고 있었습니다. 조금만 더 가면 작은 폭포가 있고, 그 아래 물이 소용돌이치고 있어 모두가 물에 빠져 죽을 상황이었습니다. 순간 스님께서, '죽을 목숨을 살려주어야 불자로서의 도리를 다하는 것이고 복을 받는다.'고 하신 말씀이 생각나 얼른 장삼을 벗어서, 장삼으로 나무껍질과 그 개미들을 다 받아 가지고 마른 언덕땅에다 옮겨 놓아 주었습니다."

스님은 그 말을 듣고 무릎을 탁 쳤다. 그리고 상좌의 등을 두드려주며 말씀하셨다.

"그러면 그렇지! 개미떼를 살려준 공덕으로 장수하게 되었고 부처님의 법을 잘 공부하게 되었구나. 다 불보살의 가피력이시다. 나무관세음보살."

7일 뒤에 죽을 상좌의 생명은 이러한 방생의 공덕으로 70으로 연장되었다고 한다.

8

이와 같은 영험담은 경전이나 영험록에 허다하게 많이 있다.

무릇 생명을 살리면 몸에 있던 병도 낫고 업장도 소멸되고 운명도 능히 새롭게 바뀌게 된다. 참으로 '나'를 사랑하는 이라면, '불살생'에서 한 걸음 더 나아가 뭇 생명을 살리는 자비의 길로 들어서야 하리라.

살생계는 꼭 지켜야만 하는가

이제 살생계와 관련하여 누구나 가질 수 있는 한 가지 의문을 제기해 보고자 한다. 그것은 '그 어떠한 경우에도 살생계는 지켜야만 하는가?' 하는 것이다.

출가 수행하는 스님의 경우는 남을 해롭게 한다는 생각을 멀리 여의었고 그와 같은 환경 속에 살고 있으므로 살생계를 지키는 일이 그렇게 어려운 것만은 아니다. 그러나 세상에서 사회생활을 하는 재가중(在家衆), 특히 형벌을 담당하는 관리·군인·판사·검사·경찰관 등은 직업상 살생을 피할 수 없을 때가 있다. 죄가 있는 이에게 벌을 주지 않고서는 사회의 안녕과 질서를 유지할 수 없을 때가 있기 때문이다. 이 경우에는 어찌해야 하는가? 중국의 홍찬스님은 다음과 같이 답변하고 있다.

"혹 한 사람을 죽여서 한 마을을 구하고, 많은 사람을 죽여서 큰 고을이나 한 나라를 구할 수 있는 경우가 있다. 이러한 때 훌륭한 방편을 구사하되, 그때그때의 상황에 따라야 할 것이다."

실로 형편에 맞추어 슬기롭게 베푸는 방편은 중생을 이롭게 하는 자비행이 된다.

가령 나쁜 도적이 재물을 탐하여 많은 사람을 죽이려 하거나 덕이 높은 선지식이나 불보살을 해하려 할 때, 또는 무간지옥에 떨어질 극악무도한 짓을 하려는 것을 보았을 때, 대비심을 일으켜 다음과 같이 생각할 수가 있다.

"내가 만일 저 악독한 자의 명을 빼앗는다면 나는 틀림없이 지옥에 떨어질 것이다. 그러나 내가 만일 지금 저 사람의 목숨을 끊지 않는다면 저 사람은 무간지옥에 떨어져 한량없는 고통을 받을 무거운 업을 지을 것이다. 차라리 내가 지옥에 떨어질지언정 저 사람으로 하여금 지옥 가운데 지옥인 무간지옥의 고통을 받게 할 수는 없다."

이와 같은 착한 마음과 불쌍히 여기는 마음으로 그 사람의 목숨을 끊었다면, 그 행위는 결코 살생계를 범하였다고 보지 않는다. 『다라니경』의 말씀을 살펴보면 이는 더욱 분명해진다.

"만일 무간지옥에 떨어질 다섯 가지 큰 죄를 짓거나, 대승경을 비방하거나 나라의 역적을 도모하거나, 정법을 어지럽히는 사람을 보거든, 자비로써 연민을 일으켜 마땅히 항복받을 법을 지어야 하느니라."

이와 같이 이 세상에 정법을 실현시키기 위해 살생을 하거나, 그 사람을 구하고자 하는 착한 마음과 자비심에 입각하여 살생을 하였다면 계를 범한 것이라고 할 수 없는 것이다. 여기서 『열반경』에 나오는 한 편의 이야기를 살펴보도록 하자.

과거세 아득히 먼 겁(劫) 이전에 유덕(有德)이라 불리는 국왕이 있었다. 그 당시 아주 질이 나쁜 비구들이 진심(瞋心)을 일으켜 칼과 몽둥이 등의 흉기를 가지고 덕이 높은 선지식을 해하려 하였다.

왕은 정법을 보호하기 위하여 곧 5계를 버리고, 나쁜 비구들을 물리쳐서 선지식을 구할 수 있게 되었지만, 왕 또한 온몸에 상처를 입었다. 그 때의 상처로 왕은 곧 죽게 되었고, 동방의 부동불국(不動佛國 : 곧 아촉불의 세계)에 태어나서 부처님의 제일 큰 수제자가 되었다는 것이다.

이 이야기를 마친 부처님께서는 이 사건과 관련된 삼세인과(三世因果)를 말씀하셨다.

"그 때의 왕이 지금의 나이고 그 때의 선지식이 가섭불이시다. 내가 오늘날 갖가지 상호(相好)를 얻어 거룩하게 장엄하였고, 법신을 얻어 무너짐이 없는 몸을 성취한 것은 이와 같이 정법을 보호한 한량없는 공덕의 과보로 말미암은 것이니라."

꿈

이 『열반경』이야기는 곧 계를 지키는 데 있어 지키고 범하고 열고 닫는 지범개차(持犯開遮)의 원리가 있음을 보인 것이다.

선량한 사람을 보호하고 악한 사람으로 하여금 한 번이라도 죄를 덜 짓게 하는 것이 불자의 자비심이며, 참으로 계를 잘 지키는 이라고 할 수가 있다.

만약 극악한 중생이 있어 수많은 대중을 함부로 죽이려 하거나 재물을 욕심내어 선지식이나 대덕을 해하려 하면, 마땅히 큰 자비심으로 악한 사람이 저지르게 될 무간죄업을 막아야 한다. 이와 같이 연민하는 마음으로 악한 사람의 목숨을 끊는 것은 범계가 아니며, 그 근본정신은 보살정신에 입각한 계율의 지범개차에 있는 것이다.

그러나 비록 많은 중생이나 선량한 대중, 선지식을 보호하기 위하여 살생을 한다고는 하지만, 그 때의 상황이 꼭 그와 같은 살생을 범할 상황인지의 여부를 판단하는 일은 결코 쉽지가 않다. 그러므로 상당한 지혜와 인연을 살필 만한 능력을 갖추어야 한다. 그리고 어디까지나 연민심으로 임해야 하며, 조금이라도 탐욕심이나 명예심, 진한심(嗔恨心) 등을 일으켜서는 안 된다는 것을 명심해야 한다.

실로 불살생계에 담긴 참뜻은 '죽이지 않는다'는 것이 아니다. 보다 적극적으로 생명을 존중하고 생명의 가치를 깨달아, 서로 돕고 서로 살리며 살아가도록 하는 데 있다.

서로의 생명 속에 숨겨져 있는 능력이 매몰되지 않도록 하고, 숨은 능력이 잘 발휘될 수 있도록 노력을 아끼지 않는다면, 그 노력 자체가 깨달음의 씨가 되어 무한한 행복과 자유라는 결과를 가져다 주게 된다.

부디 우리 불자들이 이 불살생계를 잘 지켜, 잘 살고 잘 살리는 삶을 이루게 되기를 축원해 마지않는다.

Ⅱ. 불투도不偸盜

왜 불투도를 제2계로 삼았는가

　불투도(不偸盜)는 남의 재물을 훔치지 않는 것이다. 그럼 재물이란 무엇인가? 재(財)는 금·은·돈·귀중품 등을 말하고, 물(物)은 의복 및 음식, 구리·쇠·나무 등으로 만든 기구 등을 가리킨다. 불교에서는 이 불투도를 근본계율 중 두 번째에 두고 있다. 왜 생명과 관련된 제1 불살생계 다음의 자리에 불투도를 둔 것일까? 여기에는 중생의 생존과 관련된 까닭이 깃들어 있기 때문이다.
　형상을 지닌 중생이면 누구든 음식을 먹고 영양을

섭취함으로써 생명을 유지할 수 있다. 한 걸음 더 나아가 인간이 최소한의 생활을 함에 있어서는 먹는 것 이외에 의복과 주택이 있어야 한다. 이것을 우리는 '의식주(衣食住)' 라는 한 단어로 간단히 요약하고 있다.

그런데 '의식주' 라는 이 한 단어 속에 담겨진 내용을 꿰뚫어보면 매우 복잡한 인연의 고리들이 얽혀져 있음을 알 수 있다. 이를 조금 더 심도 있게 살펴보자.

예컨대 우리가 매일 먹는 밥 한 그릇이 만들어지는 과정을 심층적으로 추구해 보면, 밥그릇 속의 쌀 한 톨에 50억 인류의 피와 땀이 응집되어 있다.

한 알의 쌀을 얻기 위해서는 씨를 뿌리고 김을 매고 거두어들이는 농부가 있어야 한다. 또한 농부를 도와줄 소와 농기계도 있어야 하고, 농부가 입을 의복 등 온갖 생활필수품이 공급되어야 한다. 그리고 농부의 자녀를 교육시킬 학교와 교과서와 참고서도 제공되어야 하고, 병이 나면 진찰도 하고 약을 먹을 수 있는 의료시설과 의료인과 각종 약품 등이 필요에 따라 다양하게 제공되지 않으면 안 된다.

　냉장고·TV·라디오·전기 등 각종 전자제품을 비롯한 생활도구와 문화시설도 수반되어야 한다. 또 농부들이 안심하고 일하기 위해서는 치안유지가 요구되고 적대국의 침략으로부터 보호되지 않으면 안 되므로 경찰이나 군인이 있어야 하며, 나아가 유엔군과 같은 국제적인 규모의 협동이 필요하게 된다.

　생활필수품을 공급하는 상점이나 시장이 적정거리 안에 있어야 하고, 농수산·상공·재무·체신·교통·건설·문교부 등 국가 행정 각 부서의 시책이 시의 적절하게 연계되어야 하며, 각계 각 분야에서 생산하는 농약·화장품·섬유·석유화학제품 등 각종 공산품이 쉬지 않고 생산 공급되어야 한다.

　이와 같은 일들을 생각할 때 우리가 하루 세 끼 날마다 먹는 밥 한 그릇이 얼마나 귀중하고 엄청난 연기(緣起) 관계 아래에서 제공되고 있는 것인가를 쉽게 알 수 있을 것이다.

　밥뿐만이 아니다. 우리의 의식주와 관련된 모든 물건들은 부사의한 인과관계 속에서 이루어진 소중한 것들이다. 더욱이 중생들은 바로 이러한 의식주를 의지하며 살고 있다. 중생들에게 있어 의식주는 제2의 생명과도 같은 것이다.

그런데도 사람들은 알게 모르게 남의 재물을 취하는 경우가 많다. 때로는 그것이 큰 죄가 되지 않는다고 생각하는 사람도 가끔 접하게 된다. 사회가 복잡해지고 강력범죄가 날로 증폭됨에 따라 양심이 무감각해진 때문인지도 모른다.

그러나 남의 재물을 도둑질한다는 것은 생의 의지처를 빼앗는 것이고, 남의 생명을 간접적으로 빼앗는 것이며, 생활수단을 제거하는 결과를 초래하게 된다. 이와 같은 까닭으로 남의 것을 훔치는 투도계를 살생계 다음의 중계(重戒)로 제지하게 된 것이다.

중생의 생명 그 자체는 내명(內命)이요, 재물은 외명(外命)이다. 그러므로 중생의 생명을 직접적으로 끊는 살생계를 제1계로 삼았고, 그것이 없으면 살아갈 수 없는 것을 빼앗는 투도는 외명을 끊는 것이기 때문에 제2의 자리에 놓은 것이다. 정녕 우리 불자들은 투도계가 살생계의 연속이요 제2의 살생계라는 사실을 분명히 알아야 한다.

앞에서 '불살생'을 이야기할 때, 남방불교에서는 '남을 겉으로도 상해하지 않고 속으로도 상해하지 않는 것'을 불살생의 정의로 삼고 있음을 소개한 바 있다. 그러나 이것이 남방불교의 살생계에서만 강조되고 있는 것이 아니다. 모든 계에는 나와 남의 겉과 속, 마음과 육체, 정신과 물질의 그 무엇도 상해하지 않고 살려간다는 근본정신이 밑바닥에 깔려 있는 것이다.

상해는 일종의 살생이다. '도둑질하지 말라'는 것도 따지고 보면 그 도둑질이 나와 남을 상해하는 결과를 초래하고 말기 때문에 '하지 말라'고 한 것임을 명심하고, 남의 재물을 고의로 취하는 투도죄를 범하지 말아야 한다.

이제 우리들이 구체적으로 알아야 할 투도의 유형을 살펴보자.

투도의 여러 가지 유형

'보살계'를 보면 투도의 유형으로 자도·교인도·방편도·주도의 네 가지를 들고 있다.

① '자도(自盜)'는 스스로가 직접 훔치는 것이다. 자도는 주인이 주지 않는 물건을 직접적인 방법으로 자기의 소유가 되게 하는 것으로, 이를 일컬어 '도적(盜賊)'이라고 한다. 율문에서는 도적으로 규정되는 다섯 가지 법을 정하여 놓았다.

① 대면해서 강제로 빼앗는 것〔對面强取〕
② 가만히 몰래 훔치는 것〔私竊取〕
③ 조롱하여 사기로 빼앗는 것〔嘲弄取〕
④ 맡겨 둔 물건을 주지 않고 취하는 것〔寄付取〕
⑤ 주었다가 다시 빼앗는 것〔與更奪〕 등이다.

또한 이들 다섯 가지 중 ⑤의 여갱탈을 뺀 다음,
• 세력을 가지고 강제로 빼앗는 것〔勢力强取〕
• 소송을 통해서 빼앗는 것〔詞訟取〕

- 부딪치며 속여서 소매치기하는 것〔抵謾取〕
- 응당 내어야 할 세금을 내지 않는 것〔應輪稅而不納〕

의 네 가지를 더하여 8종도적〔八種盜賊〕이라 칭하고 있다.

요컨대 자도(自盜)는 남을 시켜서가 아니라 스스로가 직접 도둑질하는 일에 개입한 것을 가리킨다.

② 교인도(敎人盜)는 남을 시켜서 하는 도둑질이다. 곧 돈을 주고 사람을 매수하여 도둑질을 시키거나 말로 설득하여 도둑질하게 하는 것, 또는 좋은 물건을 가지고 있는 사람을 일부러 소개하여 친하게 만든 다음 도둑질하게 하는 것 등을 가리킨다.

자신이 직접 절도행위를 하는 것이 아니라 다른 사람으로 하여금 도둑질을 하게끔 하는 것이 자도와 다른 점일 뿐, 그 마음속에는 도심(盜心)이 꿈틀거리고 있는 것이다.

이 교인도에는 두 가지 경우가 있다. 첫째는 자기 자신을 위하여 도둑질을 시키는 것이고, 둘째는 도둑질을 하는 그 사람을 위하여 도둑질하게 하는 것이다. 이 경우 자신의 이득을 위한 도둑질의 죄가 훨씬

무거운 것은 너무나 당연하다.

③ **방편도**(方便盜)는 상대방의 물건이 자연히 내게 돌아오도록 갖가지 방법을 꾸며 도둑질하는 경우이다. 곧 아첨·사기·위협 등의 수단을 동원하여 도둑질하는 것으로, 외형상으로 볼 때는 결코 도둑질한 것으로 보여지지 않는다. 중국의 홍찬스님은 방편도를 다음과 같이 매우 포괄적으로 설명하였다.

"갖가지 기교를 부리고 아첨을 하여 상대방을 속이고, 무게와 분량을 틀리게 하거나 돈의 액수를 조작하는 등 일마다 사람들을 기만하는 것, 땅의 경계가 되는 표지를 상대방 모르게 가만히 이동시키는 것 등이 그것이다."

홍찬스님의 말씀처럼, 스스로의 욕심과 이득을 위해 상대방의 재산을 은연중에 가로채는 것은 모두 방편도의 죄업이 되는 것이다. 비록 남을 속일 수 있다 하여도 스스로의 양심에는 앙금이 남지 않을 수가 없으니, 불자들은 무엇보다 스스로의 진실을 버리지 말아야 할 것이다.

④ 주도(呪盜)는 주문의 힘에 의지하여 도둑질을 하는 것이다. 주로 외도들이 행하는 사도(邪道)로서, 불살생계에서 살펴본 주살(呪殺)과 같이 주술(呪術)을 도둑질하는 데 이용하는 것이다. 곧 삿된 주술을 외워 남의 음식이나 물건이 오게 하는가 하면, 일단 주술로 귀신을 부른 다음 그 귀신으로 하여금 남의 물건을 가져오게 하는 경우 등이 있다.

부처님께서는 이상과 같은 네 도둑질뿐만 아니라 투도와 관련된 인(因)을 심지도 말고 연(緣)을 맺지도 말고 법(法)을 배우지도 말고 업(業)을 짓지도 말 것을 가르치셨다.

먼저 심지 말아야 할 도인(盜因)은 도둑질의 근본 원인, 최초의 씨앗이 무엇인가를 가리키는 것이다. 그럼 어떠한 마음이 도둑질을 하고자 하는 씨앗이 되는가? 때로는 아첨하는 마음이, 때로는 성내는 마음이, 때로는 두려워하는 마음이 도둑질의 씨[盜因]가 되기도 한다. 곧 중생들의 자기중심적인 욕심과 분노, 그리고 무지(無知)로 인한 공포심 등이 투도의 씨가 되는 것이다.

도연(盜緣)은 처음 일어난 도둑질할 생각을 거두기는커녕 갖가지 생각을 일으켜서 도둑질하는 것을 합리화시켜가는 과정을 가리킨다. 바꾸어 말하면, 최초로 일어난 도둑질할 마음을 여러 가지로 돋우고 더 키워가는 것을 도연이라고 하는 것이다.

도법(盜法)은 도둑질하는 구체적인 방법을 가리킨다. 스스로 훔칠 것인가, 남을 시켜서 훔칠 것인가, 몰래 훔칠 것인가, 협박을 해서 빼앗을 것인가 등을 생각하여 그 방법을 확정짓는 것이다.

이렇게 일단 도법까지 정해지고 나면 스스로 반성하여 도심(盜心)을 거두지 않는 이상에는 **도업(盜業)**을 짓게 되고 만다. 도업은 실제로 도둑질을 완료하여 죄업을 이루고 만 상태를 뜻한다. 이 도업 이전까지는 범행의 기획 단계이지만, 도업을 지은 이상은 '도둑놈'이라는 오명을 덮어쓰게 되는 것이다.

그렇다면 어떠한 행위까지를 도업이라 하는 것인가? 남의 재물을 자기의 소유로 하기 위해 본래의 위치에서 이동시키면 도업이 성립되는 것이다.

계를 받아 지닌 불자라면 마땅히 도둑질하고자 하는 생각조차도 가지지 않아야 하겠지만, 만의 하나 부득이한 상황에 휩싸여 도둑질할 물건이 있는 곳에까지 갔을지라도 다시 한 번 마음을 돌이켜 물건을 취하거나 자리를 이동시키지 말아야 한다. 이 '자리의 이동'이 투도의 중죄를 범하느냐 아니냐를 정하는 최후의 선이기 때문이다.

투도의 과보

중생이 끝없는 죄업을 짓게 되는 근본원인은 무명(無明)에 있지만, 그 무명심을 분석적으로 규명해 보면 크게 탐욕심과 분노심과 우치심으로 나눌 수가 있으며, 이들 셋 가운데에서 탐욕심이 더욱 근본이 된다. 탐욕심은 소유하고자 하고 마음대로 하고자 하는 마음이다.

탐심에서 비롯된 내가 가지고자 하는 것, 내가 누

리고자 하는 것이 마음대로 되지 않으면 분노하게 되고, 분노가 커지면 욕도 하고 싸움도 하고 살생까지 저지르게 되니, 이와 같은 그릇된 행위가 모두 탐욕으로부터 생겨나는 것이다.

　탐욕이 마음을 덮으면 자연히 지혜가 흐려지고 온갖 죄업을 짓게 되는 것이니, 탐욕이야말로 온갖 죄업의 근본이라 하지 않을 수 없다.

　그럼 탐욕의 결과는 무엇인가? 그것은 무상(無常)이요, 끝없는 죄악의 굴레이다. 결국 도둑질을 하게끔 만드는 투도심도 탐욕심에 바탕을 둔 것으로, 탐욕의 극치인 투도는 우리의 불성 속에 깃들어 효순심과 자비심을 외면하는, 죄악 가운데 근본이 되는 행위인 것이다.

　살생이나 망어 등의 죄업 또한 그 근원을 추구해보면 결국 탐욕을 바탕으로 삼고 있다. 아무리 악한 존재라도 무단히 사람을 죽이는 법은 없다. 욕심을 채우고자 하는 강한 동기가 있거나 짙은 분노때문에 살인을 하는 것이다. 망어 또한 그 수단에 있어서는 살생보다 조금 나은 것이지만, 그 동기 역시 탐욕과 분노에 있는 것이다.

결국 투도를 중요한 계목(戒目)으로 제지하게 된 까닭도 도둑질이 탐욕심을 더욱 조장하는 죄악이기 때문이다.

나아가 탐욕으로 지은 죄업에는 반드시 지엄한 과보가 따르기 마련이다. 이제 도둑질하고 사기 치고 남의 재산을 빼앗는 투도의 업이 얼마나 무서운가를 깨우쳐 주는 한 편의 이야기를 살펴보도록 하자.

6.25 사변 직후의 일이다. 금강산에 계시던 이혜명(李慧明) 스님이 부산으로 피난을 오셨다. 이 스님은 경전에도 밝을 뿐 아니라 재를 지내는 등의 각종 의식이나 범패도 잘하셨다. 그래서 흔히 '팔방미인 큰스님'으로 불리었던 분이다.

이 스님은 중국의 불교성지를 두루 참배하고 명승지를 구경하였는데, 한 번은 중국 상해의 큰 공원을 들렀더니 공원 한쪽 편에 까만 소 한 마리가 있고 사람들이 신기한 듯이 쳐다보고 있었다. 스님도 이상한 호기심이 생겨 소 앞에 세워 놓은 게시판을 자세히 보게 되었는데, 그 간판에 적힌 글이 더욱 신기하더라는 것이다.

"지나가는 남녀노소 여러분들이여, 이 소의 배를 보시오…."로 시작하여 장광설(長廣舌)을 늘어놓았는데, 그 내용은 다음과 같았다.

상해 근처에 큰 부자가 한 사람 있었다. 그 사람은 죽마고우인 왕중주(王中主)에게 자신의 재산을 관리해 주도록 부탁하고 상당한 대우를 해 주었다. 그리고 왕중주에게 등기서류뿐만 아니라 인감도장까지를 모두 맡겼다.

그런데 왕중주가 친구의 은혜로운 부탁을 등지고 합법적으로 모든 재산을 가로채었던 것이다. 하늘처럼 믿었던 친구가 자기 재산을 교묘하게 사취(私取)한 것을 알게 된 부자는 분한 마음을 이길 수 없었지만 어찌할 도리가 없었다.

재산을 다 빼앗기고 거지가 되다시피 한 그는 조금 남은 패물을 팔아 시골에 내려가서 농사를 짓게 되었고, 논과 밭을 갈 암소를 한 마리 사서 길렀다. 몇 해가 지나자 암소가 새끼를 낳았는데, 그 새끼의 배에 글씨가 몇 자 새겨진 흔적이 있었다.

　자세히 보니 자기를 배신했던 철천지원수(徹天之怨讐) 왕중주의 이름 석 자가 아닌가! 이상한 생각이 들어 알아본 결과, 왕중주가 얼마 전에 죽었다는 사실을 알게 되었다. 원한으로 가득 차 있던 그는 생각했다.

　"아! 그 원수가 죗값을 하려고 내 집에 태어난 것이구나…. 이놈! 잘 만났다. 사람이 죽으려면 3년 전부터 환장을 한다는 말은 있다만, 너처럼 환장한 놈은 일찍이 보지 못하였다. 네가 죽어 이제 빚을 갚으러 온 모양이다만, 송아지로 내 집에 태어난 것만으로 나의 분하고 원통한 빚을 다 갚는다고 생각하면 큰 잘못이다. 이제부터 네놈에게 원수를 갚을 터이니 견뎌 보아라."

　이렇게 다짐을 한 그는 아주 모질고 기이한 방법을 생각해내었다. 그는 왕중주의 후신인 송아지를 가두어 놓고 끼니때마다 먹을 것을 주었다. 그러나 밤중이 되면 촛불을 밝혀 놓고 시퍼렇게 간 칼을 들고 우리 안으로 들어가, 매여 있는 송아지의 목에 큰 칼을 들이대고는 살기를 띤 음성으로 속삭였다.

"네 이놈! 왕중주, 이 나쁜 놈! 사람의 탈을 쓰고 어찌 그런 짓을 할 수 있었더냐? 네놈이 이리와 같은 놈이었으니 그런 짓을 했겠지. 하지만 이놈아! 지금 당장은 내 너를 죽이지 않는다. 조금 더 키워서 잡되 그것도 단번에 죽이지 않을 것이다. 네 놈이 보는 앞에서 숯불을 피우고 시퍼렇게 칼을 갈아 하루에 살 한 점씩만 베어낸 다음, 네놈이 보는 앞에서 구워 술안주로 삼을 것이다. 네 이놈! 단단히 들어두어라."

그는 이 일을 매일같이 계속하였다. 그러자 왕중주의 이름이 새겨진 송아지는 비쩍 마르기만 할 뿐 자라지도 못하는 것이었다.

이렇게 지내고 있던 어느날, 왕중주 아들이 느닷없이 찾아와서 마당 한가운데 넙죽 엎드려 사정을 하는 것이었다.

"어르신네, 제발 널리 용서해 주시옵고 우리 아버지만 살려 주십시오. 재산을 돌려드림은 물론이요 모든 것을 영감님의 뜻대로 하겠습니다. 부디 아버지만은 살려 주십시오."

아들은 수없이 절을 하면서 간청하였다.

"나는 지금 꼭 돈만 가지고 그러는 것이 아니다. 너의 아버지 소행이 너무나 괘씸하여 분함을 참을 수가 없기 때문이다. 그런데 너는 어찌된 일이냐? 어떻게 이 사연을 알게 되었느냐?"

"저희 선친이 어르신네의 은공을 저버리고 사취한 것은 저도 어느 정도 짐작은 했사오나 자세히는 모르고 지냈습니다. 그런데 여러 달 전부터 아버지가 저의 꿈에 자주 나타나시어 그 동안 죄를 자세히 말씀하셨습니다.

그리고 어르신네의 소로 태어나 죗값을 갚으려 하지만, 그 죄가 워낙 크기 때문에 소의 몸을 버리고 나더라도 다시 무서운 지옥으로 떨어져야 한다고 하셨습니다. 뿐만 아니라 지금 당장의 괴로움도 괴로움이거니와 재산을 어서 돌려 드려야만 당신의 죄를 벗을 수 있다고 하셨습니다.

선친이 살아생전에 자세한 내용을 말씀하지 않으신 것은 당신의 떳떳하지 못한 행동을 가족들이 아는 것을 부끄러워했기 때문이었고, 저희들이 그 내용을 알면 떳떳한 마음으로 세상을 살 수 없을 것이라는 생각에서였다는 것입니다. 그리고 어르신네께서 계신 이곳을 꿈속에서 일러주셨습니다.

이제 저희가 모든 재산문서를 이렇게 가지고 와서 사죄를 드리오니, 널리 용서하시옵소서. 부디 이것을 거두어 주시고 저희 아버지를 돌려주시기만 하면, 그 은혜 백 번 죽어도 잊지 않을 것이옵니다."

그는 지극 정성으로 간청하는 아들의 효심에 감동하여 재산을 되돌려 받고 송아지를 내어 주었다. 왕중주의 아들은 아버지의 후신인 송아지를 데리고 가서 음식도 잘 대접하고 각별히 보살폈다.

그리고 다 자란 다음에는 공원에나 좋은 우리를 지어 놓고 아침저녁으로 정성껏 여물을 쑤어 대접하면서, 오고가는 만천하의 사람들이 이 소를 보고 경각심을 일으켜 인과를 믿고 선행을 닦으라는 뜻으로 사연을 쓴 안내판을 만들어 놓았던 것이다.

8

이 이야기는 나뿐만이 아니라 여러 스님들이 혜명

스님께 직접 들은 것이다. 도둑의 과보가 실로 무섭고 어긋남이 없어서, 이 인과를 확실히 아는 사람은 참으로 바르게 살지 않을 수 없다. 비록 부모의 재물, 자식의 재물일지라도 그것을 몰래 썼다면 도둑질에 대한 과보를 받게 되는 것이다.

오히려 삼보의 물건이나 부모의 물건을 훔친 죄는 일반인이나 관리의 물건을 훔친 죄보다 더 무겁다는 사실을 반드시 명심해야 한다. 은혜를 저버리는 것, 그것이 일반적인 투도죄 위에 더 보태어지기 때문이다.

이에 관해서는 나의 저서인 『윤회와 인과응보 이야기』에서 자세히 밝혀 놓았기에 여기서는 생략하기로 한다.

복덕을 지으며 살자

이제 부처님께서 제정하신 불투도계 속에 담긴 진

정한 의미가 무엇인가를 살펴보고자 한다.

다생다겁토록 윤회를 거듭하는 중생들은 알게 모르게 투도죄를 짓기 마련이다. 그래서 투도와 관련된 갖가지 과보를 받으며 살아간다. 때로는 말할 수 없는 가난 속에 살아야 하고, 때로는 거지처럼 한 끼의 식사를 위해 구걸을 해야 하고, 때로는 추위에 떨어야 한다.

그럼 투도죄의 과보는 결코 면할 수 없는 것일까? 아니다. 현실의 업보를 맞이하는 '나'의 마음가짐을 바꾸고 복덕을 쌓으며 살면, 오히려 크나큰 행복을 '나'의 것으로 만들 수 있다. 이에 관한 한 편의 옛이야기를 음미해 보자.

중국 당나라 때 배휴(裵休)라는 유명한 정승이 있었다. 그는 쌍둥이로 태어났다. 그것도 등이 맞붙은 기형아로 태어나자 부모가 칼로 등을 갈라 살이 많이 붙은 아이를 형으로, 살이 적게 붙은 아이를 동생으로 삼았다. 부모는 형과 동생의 이름을 '度' 자로 짓되, 형의 이름은 '법도 도(度)'로 하고 동생은 '헤아릴 탁(度)'이라고 불렀다. 배휴는 어릴 때의 형인 배도가 장성한 다음 지은 이름이다.

어려서 부모를 여읜 배도와 배탁은 외삼촌에게 몸을 의탁하고 있었다. 어느 날 일행선사(一行禪師)라는 밀교의 고승이 집으로 찾아와서 그들 형제를 유심히 바라보더니 외삼촌과 이야기를 나누는 것이었다.

"저 아이들은 누구입니까?"

"저의 생질들인데 부모가 일찍 죽어 제가 키우고 있습니다."

"저 아이들을 내보내시오."

"왜요?"

"저 아이들의 관상을 보아하니 앞은 거지상이요 뒤는 거적대기상입니다. 워낙 복이 없어 거지가 되지 않을 수 없고, 그냥 놓아두면 저 아이들로 말미암아 가까운 사람들까지 가난해집니다. 그리고 저 아이들이 얻어먹는 신세가 되려면 이 집부터 망해야 하니, 애당초 그렇게 되기 전에 내보내십시오."

"그렇지만 부모가 없는 아이들을 어떻게 내보냅니

까?"

"사람은 자기의 복대로 살아야 하는 법! 마침내 이 집이 망한다면 저 애들의 업은 더욱 깊어질 것이오."

방문 밖에서 외삼촌과 일행선사의 대화를 엿들은 배도는 선사가 돌아간 뒤 외삼촌께 말하였다.

"외삼촌, 저희 형제는 이 집을 떠나려고 합니다. 허락하여 주십시오."

"가다니? 도대체 어디로 가겠다는 말이냐?"

"아까 일행선사님과 나눈 말씀을 들었습니다. 우리 형제가 빌어먹을 팔자라면 일찍 빌어먹을 일이지, 외삼촌 집안까지 망하게 할 수는 없는 일 아닙니까? 떠나겠습니다. 허락하여 주십시오."

자꾸만 만류하는 외삼촌을 뿌리치고 배탁과 함께 집을 나온 배도는 거지가 되어 하루하루 구걸을 하며 연명하다가, 어느 날 동생과 머리를 맞대고 상의하였다.

"우리가 이렇게 산다면, 일찍 돌아가신 부모님의 혼령도 편안하지가 못할 것이다. 산으로 들어가서 숯이나 구워 팔면서 공부도 하고 무술도 익히자."

그들은 산속에 들어가 숯을 구웠고, 틈틈이 글 읽기를 하고 검술도 익혔다. 그리고 넉넉하게 구워 남은 숯들을 다발 다발 묶어 단정한 글씨로 쓴 편지와 함께 집집마다 나누어주었다.

"이 숯은 저희들이 정성을 들여 구운 것입니다. 부담 갖지 마시고 마음 놓고 쓰십시오."

하루 이틀, 한 달 두 달…. 이렇게 꾸준히 숯을 보시하자 처음에는 의아하게 생각하던 마을 사람들도 감사하게 생각하였고, 마침내 숯이 도착할 시간이면 '양식을 보태라'며 쌀을 대문밖에 내어놓기까지 하였다. 그러나 그들 형제는 먹을 만큼 이상의 양식은 절대로 가져가지 않았다.

"이만하면 충분합니다. 감사합니다."

마침내 두 형제에 대한 소문은 온 고을로 퍼져나갔고, 그 소문을 듣고 외삼촌이 찾아와 '잠깐만이라도 좋으니 집으로 들어가자'고 간청하였다. 그들이 집에 이르자 때마침 일행선사도 오셨는데, 배도를 보더니 깜짝 놀라는 것이었다.

"애야, 너 정승이 되겠구나."

"스님, 언제는 저희 형제더러 빌어먹겠다고 하시더니, 오늘은 어찌 정승이 되겠다고 하십니까? 거짓말 마시오."

"전날에는 너의 얼굴에 거지 팔자가 가득 붙었더니, 오늘은 정승의 심상(心相)이 보이는구나. 그동안 무슨 일을 하였느냐?"

배도와 배탁이 그동안의 일을 자세히 말씀드리자 일행선사는 무릎을 치면서 기뻐하였다.

"그러면 그렇지! 너희들의 마음가짐이 거지 팔자를 정승 팔자로 바꾸어 놓았구나."

그 뒤 참으로 배도는 정승이 되었고, 동생 배탁은 대장군의 벼슬을 마다하고 황하강의 뱃사공이 되어 오가는 사람을 건네주며 고매하게 살았다고 한다.

※

이 이야기를 읽는 동안 불자들은 지난 생의 투도죄에 대한 과보를 녹이고 복된 삶을 이루는 방법을 능히 알 수 있었을 것이다. 이 이야기 속에는 불행한 삶을 행복한 삶으로 바꾸는 두 가지 방법이 제시되어 있다. 첫째는 현재의 업을 기꺼이 받는 것이요, 둘째는 베풀고 복덕을 쌓으며 사는 것이다.

　대부분의 사람들은 자신의 팔자를 한탄하며 살아간다. 그리고 주위를 원망하며 살아간다. 그러나 이렇게 사는 이상은 업이 바뀌지 않는다. 오히려 업의 결박만 더욱 조여들 뿐이다.

　그럼 어떻게 해야 하는가? 윤회와 인과를 철저히 믿고 내가 지은 업을 내가 기꺼이 받겠다는 자세로 살아간다면, 틀림없이 고통을 벗어나 복된 삶을 영위할 수 있는 것이다.

　무엇보다 중요한 것은 '지금 이 자리' 이다.

　'지금 이 자리' 에서 우리는 과거에 맺은 업을 푸는 것과 동시에 새로운 업을 만들게 된다. 바로 이 순간 맺힌 업을 풀고 업을 더욱 원만하게 회향(廻向)할 수도 있고, 반대로 새로운 악업을 맺어 더 나쁜 상태로 만들어버릴 수도 있다.

　맺느냐? 푸느냐? 이는 오직 지금 이 자리에서 내가 어떻게 하느냐에 달려 있다. 눈앞의 이익만을 생각하고 모든 것을 상대적인 감정과 자존심으로 해결하려 하면 매듭만 늘어날 뿐이다.

욕심을 비우고 기꺼이 받아라. 기꺼이 받고자 할 때 모든 것은 풀린다. 매사에 한 생각을 바르게 가져 맺힌 것을 풀어 나가고, 푼 것을 더욱 좋은 인연으로 가꾸어야 한다.

참된 삶, 복된 삶! 그것은 기꺼이 받고자 하는 마음가짐이 결정한다는 사실을 잊지 말아야 한다. '내 업은 내가 기꺼이 받을 뿐, 가까운 사람에게 폐를 끼치지 않겠다'는 자세로 살았던 배도와 배탁 형제의 마음가짐을 우리는 배워야 한다.

나아가 배도와 배탁 형제는 자신들의 가난 속에서도 가난한 이웃을 돕는 선행을 베풀었다. 꾸준히 숯을 보시하며 살았던 것이다. 이것이 거지 팔자를 정승 팔자로 바꾸어 놓았다. 어떻게 이것이 가능한가?

보시를 하는 그 마음 자체가 바로 도심(道心)이요, 우리를 잘 살게 만들어 주는 선공덕(善功德)이 되기 때문이다. 정녕 이러한 복덕의 길이 우리 앞에 놓여 있거늘 어찌 탐욕에 빠져 투도의 죄를 저지르며 살 것인가?

우리 모두 가진 재물로써 능력껏 베풀어 보자. 가

진 것을 베풀 때 인색한 마음은 저절로 사라진다. 탐하는 마음과 더불어 인색한 마음이 사라지므로 정신은 맑아지고, 재물로써 남을 살렸으니 마음 가득 환희가 넘치게 된다.

이렇게 될 때 우리 앞에 그릇되게 뚫려 있던 탐욕의 길, 투쟁의 길, 삿된 길들은 저절로 사라지게 되고, 지옥·아귀 등의 추한 세계도 자취를 감추게 되는 것이다.

불자들이여, 부디 잘 명심하기 바란다. 불투도를 계율로 제정한 까닭이 현실의 업을 기꺼이 받아들이고 능력껏 잘 베풀어, 복덕을 이루는 데 있고 행복한 삶을 이루는 데 있다는 것을….

"투도하지 아니하고 복덕을 이루리다."

가끔씩 마음속으로 염하며 살기를 축원해 본다.

Ⅲ. 불사음不邪淫

불사음계란

근본 5계 중 세 번째인 불사음계는 남녀의 순결과 삶의 청정을 강조한 계율이다.

비구 250계를 보면 거의 반은 남녀관계에 관한 것이고, 비구니 348계도 특히 남녀관계에 관한 규정이 많다. 곧 구족계의 과반수가 남녀의 정욕에 관한 계율이라는 사실 하나만 보더라도 이 음계(淫戒)의 비중이 얼마나 큰 것인가를 짐작할 수 있다.

특히 재가계·보살계에서 세 번째 자리에 놓인 이 불사음계가 구족계에서는 제1중계의 자리를 차지하고 있다. 왜 그렇게 자리를 바꾸어 놓은 것일까? 그 까닭은 출가한 승려가 되어 음계를 끊지 못하면 비구·비구니가 될 수 없다는 것을 첫째도 둘째도 강조하기 위한 것이다.

대승·소승의 모든 계율에서는 청정한 범행(梵行)이 아닌 것을 '음(淫)'으로 규정하고 있다. 깨끗하지 못한 그 음행이 스스로의 본성을 더럽힐 뿐 아니라, 다른 이의 마음자리(心地)까지도 더럽힌다는 것이다. 그러므로 청정한 법과 함께 다른 사람의 삶까지도 더럽히는 음행을 철저히 금하고 있다.

그렇다면 이 불사음계를 범하는 한계를 어디까지로 두고 있는가? 천태 지자대사는 다음과 같이 정의하고 있다.

"출가 5중(五衆 : 비구·비구니·사미·사미니·식차마나니)은 모든 음행을 제지한다. 재가 2중은 다만 사음(邪淫)만을 제지하나니, 자신의 처와 첩을 제외한 일체의 여인을 범하는 것, 자기 남편을 제외한 모든 남자와의 음행을 일컫는다."

곧 출가한 스님들에게는 어떠한 경우의 음행도 있어서는 안 된다는 강한 제지를 담고 있지만, 재가의 불자에게는 남녀관계 자체를 금한 것이 아니라 사음만을 금하고 있다.

이 음행은 크게 **자음**(自淫)과 **교인음**(敎人淫)의 두 가지로 분류된다. 자음은 자신이 스스로 음행을 범하는 것이고, 교인음은 다른 사람에게 권하여 자신을 음행하도록 가르치거나 남을 음행하도록 가르치는 것이다.

우리는 여기서 한 가지 의문을 제기할 수 있다. 자음이 중죄에 해당한다는 것은 이해할 수 있으나, 교인음까지 왜 중죄로 취급하고 있느냐 하는 것이다.

그 까닭은 마땅히 청정하고 거룩한 법에 의지하여 깨달음의 길로 나아가야 할 불자가 청정법(淸淨法)을 가르치지는 못할지언정 염오(染汚)의 업을 짓도록 인도하는 것은 스스로가 음행한 것이나 다를 바가 없다는 이유에서이다.

"스스로 청정을 유지하고 다른 이도 청정의 길을 걷도록 하라."

이것이 바로 부처님께서 불사음계를 제정하신 까닭이다.

그러나 혹 피하기 어려운 액연(厄緣)을 만나서 억지로 핍박을 받거나, 나쁜 사람들에 의해 강제로 추행을 당하였을 경우에는 음계를 범한 것이 아니다. 다만 추행을 당하면서도 즐거움으로 받아들이면 음계를 범한 것이 된다.

그런데 즐거움으로 받아들인다 함은 어떤 경우를 말하는가? 허기진 사람이 밥을 얻은 것처럼 하고 목마른 사람이 물을 만난 것처럼 하는 경우를 가리킨다.

또 어떤 것이 즐거움으로 받아들이지 않는 것인가? 똥처럼 더러운 것을 먹는 듯이 하고 뜨거운 쇠가 몸속에 들어오는 것처럼 느끼는 것을 가리킨다.

아무쪼록 계를 받은 불자는 음행과 관련된 인(因)을 심지도 말고 연(緣)을 짓지도 말아야 한다.

처음 음심에 대한 한 생각을 일으키면 그것이 음행의 인이 되고, 한 번 일으킨 음심을 잠재우지 못한 채 음행을 이루기 위한 갖가지 생각과 행위를 하는 것이 음행의 연(緣)이다. 곧 어떠한 대상과의 음행을 생각하면서 몰래 훔쳐보고 좋아하며, 잘 보이기 위해 몸치장을 하고 따라 다니는 등이 음행의 연에 속하는 것이다.

이렇게 계속하다가 애정을 호소하거나 몸을 마찰하는 등 음행을 이루기 위한 방법〔婬法〕을 동원하게 되며, 마침내는 성행위를 통하여 음행의 업을 짓게 되는 것이다.

따라서 모든 불자들은 음행에 대한 처음의 한 생각부터 잘 단속하여야 하고, 생각이 일어나면 자비심으로 이를 승화시켜 나아가야만 한다.

음행을 금한 까닭

그런데 부처님께서 음행을 금하도록 하신 데는 특히 중요한 몇 가지 뜻이 간직되어 있다.

첫째, 중생의 음행은 일어났다 꺼졌다 하는 모든

기멸심(起滅心)을 조장하고, 번뇌의 뿌리가 되어 해탈을 방해하기 때문이다.

모든 생사(生死)는 음행으로부터 비롯된다. 생사를 뛰어 넘어 해탈과 열반의 저 언덕에 이르려면 먼저 생사의 근원인 기멸심과 번뇌를 초월해야 하는데, 음행은 번뇌와 기멸심을 근원적으로 조장할 뿐이다. 이 때문에 부처님께서는 출가중의 음행을 전적으로 금하신 것이고, 재가중에게는 사음만을 금하도록 하신 것이다.

둘째, 음행이 청정하지 못한 비범행(非梵行)이요, 물들고 추한 행인 염오행(染汚行)이기 때문이다.

거룩하지 못한 행위는 밝은 마음을 어둡게 만들고 청정한 마음을 탁하게 물들이며, 어둡고 탁한 마음은 결국 생사윤회의 씨앗이 될 뿐이다.

사람들은 흔히 '식욕도 본능이요 음행도 본능이며 명예욕도 본능'이라고 하면서, 탐욕심 때문에 생겨나는 갖가지 문제들을 방치하려고 하는 경향이 있다. 그러나 본능을 핑계 삼아 생겨나는 문제들을 내버려 둔다고 하여 그 문제가 해결되는 것은 아니다. 밝은 지혜를 등진 채, 무명심(無明心)에 바탕을 둔 맹목적이고 충동적인 본능은 결과적으로 어둡고 추한 업장만을 조장시킬 뿐이다.

탐욕심이 축적본능이고 잘 살려고 하는 당연한 욕구라고 하여 아무런 절제 없이 무한정으로 추구하다 보면, 상대방에게 피해를 줄 뿐 아니라 온갖 비리와 불의까지 돌아볼 줄 모르는 추한 존재로 돌변하여 버린다.

화를 내는 진심(瞋心)의 경우도 마찬가지이다. 모든 인간이 '일어나는 화를 어떻게 하랴' 하는 마음가짐으로 행동한다면, 이 세계는 곧 폭력과 무질서와 아비규환(阿鼻叫喚)의 현장으로 바뀔 것이다.

실로 우리의 마음 밑바닥에는 청정함과 자비로움과 슬기로움이 가득 차 있다. 그러나 슬기로운 마음이 그릇되이 흐르면 어리석은 우치심(遇痴心)이 솟아나고, 자비하고 인자한 마음이 잘못 흐르면 성을 내는 진심으로 탈바꿈하며, 거룩하고 청정한 마음이 거꾸로 흐르면 음심이 발동하는 것이다.

결론적으로 말해 음행은 우리의 청정한 본성을 탐

욕의 굴레로 얽어매고 가리우는 것이요, 그로 말미암아 모든 생사윤회의 세계가 전개되기 때문에 부처님께서는 음행을 하지 말 것을 거듭거듭 강조하신 것이다.

보다 자세한 이유는 부처님께서 음계를 제정하신 그 때의 일을 통하여 분명히 알 수가 있다.

부처님께서 바이샬리에 계실 때의 일이다. 때마침 흉년이 들어 비구들은 걸식을 하기가 매우 힘이 들었다. 그때 바이샬리 부근의 칼란다카 마을 출신으로, 그 고장에서 재산이 제일 많은 집의 아들이었던 수제나(須提那) 비구는 생각하였다.

'요즈음처럼 걸식하기가 어려운 때에 여러 스님들을 우리 고향 가까이에 모시고 가서 먹을 것 입을 것에 대한 걱정 없이 수행에만 전념할 수 있도록 해드린다면 얼마나 좋겠는가. 이 기회에 우리 친족들도 보시를 하여 복덕을 지을 수 있으리라.'

그는 부처님을 모시고 칼란다카 마을 근처로 옮겨

갔고, 수제나의 어머니는 아들이 여러 스님들과 함께 돌아왔다는 말을 듣고 매우 기뻐하며 아들을 찾아갔다.

"수제나야, 네 아버지가 돌아가신 후 집안에 남자가 없으니 많은 재산을 관리할 수가 없구나. 네가 다시 돌아와 집안을 돌보아야 하지 않겠느냐?"

그러나 청정한 생활을 즐기며 도를 닦고 있었던 수제나로서는 몇 번이고 간청하는 어머니의 말을 받아들일 수가 없었다. 이튿날 아들을 찾아온 어머니는 다시 간청을 했다.

"네 뜻이 정 그렇다면 자식이나 하나 낳아다오. 대를 이을 수 있는 자식을 낳게 해준다면 네가 하고 싶은 대로 할 수 있도록 해 주겠다."

그것마저 거절할 수 없게 된 아들이 말하였다.

"그 말씀이라면 어머님의 뜻을 따르겠습니다."

그때는 계율이 정해지기 전이므로 수제나는 어머니의 뜻에 따라 아내와 동침을 하였다. 그러나 아내와 동침을 한 뒤부터 수제나의 마음은 항상 편치 않았고, 우울해 하는 그를 보고 이상하게 여긴 스님들이 물었다.

"항상 마음이 밝던 스님이 요즈음 들어 우울한 표정을 자주 지으십니다. 무슨 일이 있습니까?"

한숨을 내쉰 수제나는 자초지종을 말하였고, 마침내 부처님도 그 사실을 아시게 되었다. 부처님은 수제나에게 말씀하셨다.

"네가 한 바는 옳지 못하다. 위의가 아니며, 사문의 법이 아니며, 청정한 행이 아니며, 수순(隨順)하는 행이 아니며, 할 바가 아니다. 이 청정한 법 가운데에서 애욕을 다 끊어 없애고 열반을 얻어야 할 것이어늘, 어찌하여 옛 아내와 부정한 음행을 저질렀느냐?"

부처님은 이어서 모든 비구들에게 말씀하셨다.

"차라리 남근(男根)을 독사의 입 속에 넣을지언정 여자의 몸에 대지 말라. 이와 같은 인연은 악도에 떨어져 헤어날 수 없게 하기 때문이다. 애욕은 착한 법을 태워버리는 불꽃과 같아서 모든 공덕을 없애버린다. 애욕은 얽어 묶는 밧줄과 같고, 시퍼런 칼날을 밟는 것과 같고, 험한 가시덤불에 들어가는 것과 같고, 성난 독사를 건드리는 것과 같고, 더러운 시궁창 같은 것이다. 모든 부처님들은 애욕을 떠나 도를 깨닫고 열반의 경지에 들어간 것이니라."

부처님께서는 이렇게 말씀하시고, 불사음계를 불교의 모든 계율 중에서 첫 번째로 제정하여 널리 지키게 하였다.

8

한 비구의 음행을 계기로 삼아 불사음계를 제정하신 부처님의 근본 뜻을 새겨 보면, '음욕을 맑혀 생사윤회의 쇠사슬을 끊게 하고 열반의 궁전으로 들어갈 수 있게 한다'는 깊은 의도가 깃들어 있음을 알 수가 있다.

따라서 출가승려는 음행을 아주 끊어 열반의 주춧돌을 철저히 놓아야 하고, 재가불자들 또한 청정을 근본으로 삼아 삿된 음행을 멀리하여야만 한다.

그렇다고 하여 재가불자들마저 스님들처럼 아주 단음(斷淫)을 하라는 것은 아니다. 재가의 부인들 중에는 남편을 옆에 오지도 못하게 하는 사람들도 있다고 한다. 그러나 이것은 조금 정도가 지나치다고 해야 할 것이다.

이제 불사음계를 범하면 어떠한 과보를 받게 되는가에 대해 살펴보도록 하자.

불사음계를 범한 과보

『십선업도경』에서는 불사음계를 잘 지키면 네 가지 공덕을 성취하게 된다고 하였다.

① 모든 본능의 감각기관을 잘 조절할 수 있다.
② 시끄러운 비난을 길이 여읜다.
③ 세상이 다 칭찬을 한다.
④ 정숙한 배우자를 얻게 된다.

이와는 반대로 『화엄경』 이지품(二地品)에서는, '사음의 죄를 범하면 삼악도(三惡道)에 떨어진다' 고 정의한 다음, '다시 사람으로 태어나더라도 정숙하지 못한 배우자를 만나거나 뜻에 맞지 않는 가족을 만나게 된다'고 하였다.

  또한 사음을 행한 과보로는 복을 깎아내리고 주위 사람의 존경을 잃으며, 병을 얻거나 신용을 잃고 패가망신을 하게 된다는 것 등을 들고 있다.

  그러므로 부처님께서는 재가불자들로 하여금 불사음계를 지킬 것을 거듭거듭 강조하셨고, 오랜 세월동안 우리나라를 비롯한 불교문화권에서는 이 가르침을 준수하며 살아왔다.

  하지만 지금의 현실은 어떠한가?

  오늘날 우리의 삶은 자의 반 타의 반으로 하나부터 열까지 서구문명의 물결을 타고 흘러가고 있다. 어떤 것은 좋은 쪽으로 개선되는 부분도 있지만, 좋지 않은 많은 것들이 지나치게 앞질러 가고 있어 매우 걱정스럽다. 그 중 가장 심각한 것 가운데 하나가 지금 우리가 말하고 있는 남녀의 애정문제이다.

  우리가 도덕적인 면에서 불건전한 서구의 풍조를 굳이 따라가고 있는 이유는 무엇인가? 아니, 이유를 따지기 전에 남녀가 너무 쉽게 결합하고 너무 쉽게 헤어지는 풍습은 마땅히 지양되어야 한다.

남녀의 애정 결합이 순수하고 진실하고 끝까지 변하지 말 것을 전제로 할 때 값진 삶이 언제나 우리와 함께 하게 된다는 것은 누구나 다 알고 있다.

일편단심! 일념의 사랑은 이 세상을 바꾸어 놓는다. 일념의 사랑은 모든 것을 정화하는 원동력이 된다. 생사의 근원이 되는 음욕까지 맑게 다스려 참 삶의 길로 돌아가게 하는 힘을 가지고 있다.

부모에게 효도하고 처자에게 해야 할 바의 일을 충실히 하는 사람 가운데에는 방종 하는 사람을 찾아볼 수 없고, 남편에게 의리를 지키고 일편단심으로 가정을 생각하는 여인이 타락한다는 것은 있을 수 없는 일이다.

그러나 요즈음의 많은 사람들, 특히 사랑과 이별을 너무 쉽게 생각하는 일부 사람들은 가정생활을 원활하게 이루기 위하여 서로 의지하고 서로 경계하고 규제하는 법도(法度) 자체를 싫어한다. 그리고 나만의 자유와 쾌락을 소중히 여기는 경향이 매우 강하다.

그러나 이와 같은 혼자만의 자유와 쾌락은 자신을 외톨이로 만들어 버린다. 그에게는 의지할 데도, 간

섭할 사람도 없으므로, 특별한 인격을 갖추지 않은 이상에는 방종을 하거나 성격 이상이 되는 경우가 허다하다.

동시에 남녀의 결합은 어디까지나 세속적인 애정의 결합이고 약속인 만큼, 어느 한 쪽에서 배신을 하고 저버릴 때에는 상처를 받는 쪽의 아픔은 말할 수 없이 큰 것이며, 배신자 역시 배신을 한 죄책감에서 쉽게 헤어나지 못하게 된다.

사랑은 기분으로 하는 것이 아니다. 분위기에 따라 만났다가 헤어지는 것이 아니라는 말이다. 서로를 살리고 인생을 가치 있게 만드는 것이 사랑이거늘, 정당한 이유 없이 사랑하던 사람을 배신하여서야 되겠는가? 사랑에 한이 맺힌 삶은 죽어서 상사뱀이나 원귀가 되어 원한을 갚는다는 말이 있듯이, 사랑의 배신은 큰 원한을 사는 일이므로 크게 자제해야만 한다. 전라남도 고흥의 수도암(修道庵)은 상사뱀이 되어 밤마다 괴롭히는 한 여인의 원혼을 천도하기 위해 세운 절이다. 그 창건 연기를 살펴보면서 음욕의 인과를 함께 음미해보자.

과거에 낙방한 홍씨(洪氏) 총각은 한려수도의 장관을 넋 없이 바라보며 고향으로 돌아가는 무거운 발걸음을 옮기고 있었다. 고흥 땅 풍남리라는 작은 포구를 뒤로 하고 지나갈 무렵, 장대처럼 쏟아 붓는 소나기를 피하기 위해 홍총각은 대나무 숲 속의 초가집으로 뛰어들었다. 그러나 그 집은 들이치는 비를 밖에서 피할 만한 곳이 따로 없었다.

"주인 계십니까? 잠깐 비를 피해 갈까 합니다."

방문이 가만히 열리면서 놀란 눈을 한 젊은 여인이 모습을 보였다.

"방은 누추하지만 관계치 않으시면 잠시 들어오시어 비를 피해 가십시오."

홍총각은 옆으로 비켜 선 여인이 좀처럼 보기 어려운 절세의 미인임을 느낄 수 있었다. 저녁 나절에 시작된 소나기는 날이 어두워질 무렵부터 한층 더 쏟아져, 두 사람은 한 방에서 밤을 지내게 되었다. 기골이 장대하고 미목이 수려한데다 어질고 믿음직스러워

보이는 홍총각에게 여인은 저녁을 대접하며 이런 이야기 저런 이야기를 하기 시작했다.

한 때 고을의 이름나 미인으로서 뭇 남성들의 선망이 되었던 자신이었건만 시집온 지 1년 만에 남편이 병으로 죽어 과부가 된 이야기며, 병간호 때문에 있던 재산마저 다 잃어 모든 것이 싫어진 나머지, 이 숲 가운데 오두막을 짓고 세상을 등진 채 살고 있다는 것이었다.

홍총각 또한, 부럽지 않은 양반집 자제로서 청운의 꿈을 품고 과거에 응시하였으나 낙방하고 집으로 돌아가는 길이라는 이야기를 하게 되었다.

두 사람은 마침내 뜻이 통하여 백년가약을 맺기로 하고 하룻밤에 만리장성을 쌓았다. 이튿날, 아침 홍총각은 '집으로 가는 즉시 부모님의 허락을 받아 꽃가마를 가지고 데리러 오겠다'는 약속을 남긴 채 길을 떠났다.

그러나 열흘이 지나 보름이 가고 한 달·두 달·1년이 다 가도록 한번 간 홍총각은 다시 나타나지 않았다. 여인은 뒷동산에 올라가 하염없이 바다와 나룻

배를 바라보며, 기다리고 기다리다 지쳐 몸져눕게 되었다. '워낙 상사병이 깊어 약으로는 어이할 수 없다'는 의원의 말대로, 홍총각과 이별한 지 꼭 1년 만에 한을 품은 채 숨을 거두고 말았다.

한편 홍총각은 부모님의 기대와 간절한 소망에 따라 엄한 훈계 속에서 초가집 여인을 까맣게 잊은 채 열심히 책을 읽으며 과거 준비를 했다. 그리하여 그 다음 과거에 급제하였고, 함평 현감으로 부임하여 양가 댁 규수를 아내로 맞아 단란하게 살고 있었다.

그러던 어느 날, 현감이 술이 거나하게 취해 막 겉잠이 들었을 때였다. 이불 속에서 이상한 소리가 나서 눈을 뜨자, 눈앞에는 커다란 구렁이가 혀를 날름거리고 있는 것이었다. 그는 곧 큰소리로 외쳤다.

"게 누구 없느냐? 빨리 들어와서 저 구렁이를 냉큼 붙들어 내어라."

하인들이 문을 열려고 하였지만 문은 열리지 않았고, 문을 부수려 하자 손에 쥐가 내려 움직일 수가 없었다. 현감은 숨이 콱콱 막히고 정신이 몽롱해지는 속에서 구렁이가 혀를 날름거리며 여자의 음성으로

역력하게 말을 하는 소리를 들었다.

"도련님, 당신은 왜 저를 버리셨습니까? 저를 모르시겠습니까? 저는 당신의 언약을 믿고 애절하게 기다리다 상사병으로 죽은 여인입니다. 맹세를 저버리면 구렁이가 되어 당신을 죽이겠다고 한 그날 밤의 약속을 잊으셨습니까?"

그러다 새벽이 되어 첫닭이 울자 구렁이는 온데간데없이 사라졌다. 현감은 총각 시절의 잘못을 뉘우치며 후회하였지만, 그날 이후 밤이 깊어지면 반드시 구렁이가 나타나는 것이었다. 급기야 현감은 병이 들었고, 그 모습은 말이 아니었다. 약도 쓰고 굿도 하였지만 효험이 없었다. 생각다 못한 현감은 깊은 산 속의 고승을 찾아가 구원을 청하였다.

"여인이 살던 대나무 숲 속의 초가집을 헐고 그곳에 절을 지은 뒤, 재(齋)를 크게 지내 주고 조석으로 축원을 하시오."

스님의 가르침에 따라 현감은 여인의 집을 헐고 절을 창건하여 정성껏 재를 지내자, 그 뒤부터는 상사뱀이 나타나지 않았다고 한다.

༄

 이 이야기를 단순한 하나의 전설이나 민간설화로 돌릴 수도 있을 것이다. 그러나 남녀 사이의 굳은 약속을 배신하거나 욕정을 채우기 위해 사람을 속이면 그 인과는 어떤 형태로든 반드시 좋지 않게 되돌아온다는 것을 명심해야만 한다.

부부는 순수한 마음의 결합체

 정녕 참된 사랑은 본능적인 성행위나 외형적인 모습 속에 있는 것이 아니다. 보다 인간적인 애정으로 서로를 보살피고 서로를 살리는 이타행(利他行)의 차원으로 승화시켜야 참된 사랑을 이룰 수가 있다.
 그런데도 요사이는 돈과 학벌과 출세 여부와 생활 능력에 기준을 두고 결혼 상대자를 선택하는 경우가 많다고 한다. 또 그래서인지, 지금까지 깊이 교제하던 결혼상대자라도 새로이 좋은 조건을 갖춘 대상이 나타나면 헌신짝 버리듯이 손쉽게 바꾸기까지 한다는 이야기를 들을 때가 종종 있다.

현대사회가 너무나 물질 위주의 생활로 변하여 가고 있기 때문에 그렇게 된 것이긴 하지만, 순수한 의미에서 볼 때 그것이 결코 바람직한 풍조라고 할 수는 없는 것이다.

불교의 정신, 특히 계율상의 의지로 볼 때 세속의 한 생활 단위인 가정을 물질적인 욕구 충족과 현실적인 안락 추구만을 지향하는 결합체로 만들어서는 안 된다. 물론 현실적으로 요구되는 기본적인 생활여건은 충족시켜야 하겠지만, 그 기준 또한 문제가 되는 것이다.

우리 불자들의 가치 판단의 기준은 마땅히 불법에 두어야 한다. 따라서 평생을 함께 할 배우자의 선택은 어디까지나 신성한 마음의 결합을 전제로 해야만 한다. 깨끗하고 순결한 마음이 결합될 때 부당한 번뇌, 온갖 죄업의 유혹을 물리칠 수가 있다. 순결한 마음의 결합은 곧 이 세상의 수많은 역경을 이겨나가는 근원적인 힘이 되는 것이다.

특히 부부생활을 하는 재가불자들은 이를 잘 명심해야 한다. 재가불자의 사랑에 대한 목표는 바른 삶을 올바로 이끌어 올려 서로를 살려가는 데 있는 것이다. 아내는 남편과 가정을 위해 모든 것을 봉사하고 참고 정진하는 삶을 닦아야 하고, 남편 또한 아내와 가정을 위해 일하고 희생하고 걱정하고 서로 바른 길로 이끌어 가는 삶의 구심점 역할을 하여야 한다.

이와 같은 부부생활이라면 능히 향상의 길로 나아갈 수 있고, 마침내 부부가 둘이 아닌 불이(不二)의 문을 통과하여 행복만이 가득한 해탈의 세계에 이를 수 있는 것이다.

끝으로 『선생자경 善生子經』에 기록된 부부의 도리 및 예의에 대한 부처님의 교훈을 소개하면서 불사음계에 대한 이야기를 끝맺고자 한다.

"남편은 다섯 가지 일로 그 아내를 존경하고 부양해야 한다. 그 다섯 가지란 무엇인가?
① 바른 마음으로 존경하고
② 아내의 생각에 대해 미움을 품지 말며

③ 딴 여인과 삿된 정을 맺지 말고
④ 때에 맞추어 의식(衣食)을 주며
⑤ 때때로 보배로 만든 장신구를 주어야 한다.

  아내는 마땅히 열네 가지로 남편을 섬길 것이니, 열네 가지란 무엇인가?
① 행동을 어질게 하고
② 선행을 실천하고
③ 살림을 알뜰하게 하고
④ 새벽에 일찍 일어나며
⑤ 밤늦게 자야 한다.
⑥ 반드시 일을 배우고
⑦ 남편을 공경하여 섬기며
⑧ 남편이 드나들 때 인사를 하고
⑨ 말씨를 부드럽게 쓰며
⑩ 말이 순해야 한다.
⑪ 안석(案席: 앉는 자리)을 바르게 하고
⑫ 음식을 깨끗이 하고
⑬ 보시를 잊지 않으며

⑭ 남편에게 봉사하는 일이니라."

과연 우리가 이 세상을 살아감에 있어 진정으로 추구해야 할 바는 무엇이며, 우리 각자의 신분에서 해야 할 도리는 무엇이겠는가? 우리 모두 스스로의 진실한 마음에 그 해답을 물어 청정하고도 올바른 삶의 길로 나아가야 하리라.

Ⅳ. 불망어不妄語

진실을 깨뜨리는 망어

앞에서 살펴본 불살생·불투도·불사음계는 몸과 말과 뜻의 삼업(三業) 중 몸으로 짓는 신업(身業)과 관련된 것이요, 망어를 하지 말 것을 밝힌 불망어계는 구업(口業)을 다스리는 계이다.

망어(妄語)를 순수한 우리말로 바꾸면 거짓말이 된다. 거짓말은 진실이 아닌 것을 진실같이 꾸며서 하는 말이다. 곧 거짓말은 진실되지 않은 마음, 헛되고 거짓으로 가득 찬 마음에서 우러나오는 말로서, 거짓말을 하는 사람은 반드시 자신을 속인 다음에 다른 사람을 속이게 된다. 누구든지 남을 속일 뿐 아니라 스스로의 진실까지 저버리게 되면, 그 사람은 참된 삶을 이룰 수가 없고 진실한 도를 이룰 수도 없다. 삶과 도는 진실을 근본으로 삼고 있기 때문이다.

그래서 불교에서는 '망어장도법(妄語障道法)'이라는 말을 자주 한다. 망어가 불교 수행에 있어 큰 장애가 된다는 것이다. 또 '망어타옥(妄語墮獄)'이라는 말도 많이 한다. 거짓말을 자주 하면 결국 지옥에 떨어지게 된다는 것이다.

속담에 '바늘도둑이 소도둑 된다'고 하였듯이, 아무리 작은 거짓말이라도 예사로 하다 보면 큰 거짓말도 서슴없이 저지를 수 있게 되고, 큰 거짓말에 능해지면 지옥의 문이 열리지 않을 수가 없다. 그러므로 부처님께서는 사랑스런 아들 라후라의 작은 거짓말을 엄히 꾸중하셨다.

15세에 출가한 라후라는 머리가 총명하고 착한 성품을 가지고 있었으나, 장난기가 심하여 때때로 부처님께서 계신 곳을 달리 일러주는 등, 작은 거짓말로 사람들을 속이고는 즐거워하였다. 그러한 사실을 전해들은 부처님께서는 라후라가 있는 곳으로 가서 물을 떠오게 하여 당신의 발을 씻긴 다음 물었다.

"너는 이 물을 마실 수 있느냐?"

"없습니다."

"왜?"

"발을 씻어 더러워졌기 때문입니다."

"너도 이 물과 같다. 수도에 힘을 쓰지 않고 마음을 청정하게 갖지 않고 계행을 지키지도 않고 있다. 삼독(三毒)의 때를 가슴에 가득히 안고 있어 마치 이 물과 같이 더럽혀져 있다."

그리고는 그릇의 물을 버리게 한 후, 다시 물었다.

"너는 이 그릇에 음식을 담을 수 있느냐?"

"없습니다."

"왜?"

"손발을 씻은 물그릇이기 때문입니다."

"너도 이 그릇과 같다. 사문이면서 거짓말을 하고 마음속에 도를 닦을 뜻이 없으므로, 더러운 물을 담는 그릇과 같은 것이다. 마음의 양식이 될 것을 담을 수는 없느니라."

말이 끝나자 부처님께서는 곧바로 물그릇을 걷어 찼고, 그릇은 저만큼 굴러가다가 멈추었다. 부처님께 서는 라후라가 일찍이 보지 못했던 준엄한 얼굴로 꾸 짖었다.

"너는 사문이면서 행동을 조심하지 않았고 거짓말 을 하여 사람을 괴롭혔다. 너는 누구에게도 사랑을 받지 못할 것이다. 지혜로운 자로부터 아낌을 받지 못한 채 목숨이 다하도록 깨달음을 얻지 못하고 미혹 속에 헤매기를 이 물그릇과 같이 할 것이다. 다시는 거짓말을 하지 말고 진실한 뜻을 잘 가다듬어라."

준엄한 부처님의 꾸중을 새겨듣고 결심을 새로이 가진 라후라는 계율을 지키고 정진에 힘을 다하였으 나 쉽게 깨달음을 얻지는 못하였다. 20세가 되던 어 느 날 라후라는 부처님을 따라 탁발을 나갔다가 설법 을 들었다.

"모든 삼라만상과 몸과 마음과 생각이 모두 무상하 다고 생각하여라. 그러면 모든 집착이 사라지고 깨달음을 얻을 수 있다."

　법문을 듣는 순간 라후라는 문득 마음이 우주를 향하여 열리는 것을 느꼈다. 그는 홀로 기원정사로 돌아와 좌선을 하였고 드디어 깨달음을 얻었다. 이에 부처님께서도 한없이 기뻐하셨다.

§

　부처님께서 사랑하는 아들 라후라를 엄하게 다스린 까닭은 진실을 이루고 도를 이루는데 있어 거짓말보다 더 큰 장애가 없다는 것을 깨우쳐주기 위해서였고, 부처님의 꾸중을 들은 라후라 또한 자신의 잘못을 뉘우쳐 정직하고 진실되게 정진함으로써 도를 이룬 것이다.

　실지로 망어를 자주 행하게 되면 스스로에게 이롭지 않은 많은 과보를 받게 된다.『대지도론』권 13에는 망어로 인한 여러 가지 과보를 밝혀 놓았다.

① 선신이 멀리 떠나고 나쁜 신이 좋아하며
② 아무리 진실을 말해도 남이 믿어주지 않는다.
③ 지혜 있는 이가 논의하는 곳에는 참여할 수

없으며
④ 항상 비방을 당하고 추악한 소리를 듣는다.
⑤ 다른 사람을 가르치려 해도 따르는 이가 없고
⑥ 항상 근심 걱정이 끊이지 않으며
⑦ 목숨을 마치면 지옥에 떨어지고
⑧ 지옥에서 나와 사람이 되더라도 항상 비난을 받게 된다.

망어의 결과가 이러하거늘, 어찌 나의 불행과 고립을 초래하는 망어를 함부로 내뱉을 것인가? 이제 망어의 여러 가지 유형에 대해 살펴보도록 하자.

망어의 여러 가지 유형

불망어는 범어로 '무사바다(musāvādā)'라고 한다. 무사바다는 '진실한 언어'라는 뜻으로, 한문으로 번역하면 '정어(正語)'가 된다. 이 정어와 반대가 되는 '그릇된 언어'는 크게 망언·양설·악구·기어의 네 종류로 나누어진다.

① **망언**(妄言)은 거짓말 또는 망어(妄語)라고 한다. 실제로 있는 것을 없다고 하고 없는 것을 있다고 말하는 것으로부터, 바른 법을 그른 법이라 하고 그른 법을 바른 법이라고 설법하는 등, 마음을 어겨서 하는 말은 다 망언인 것이다.

② **양설**(兩舌)은 서로를 이간시키는 말이다. 이 사람에게는 이렇게 말하고 저 사람에게는 저렇게 말함으로써 둘 사이를 이간시키고 서로 다투게 만드는 말이다.

③ **악구**(惡口)는 악담이다. 추악한 말로써 남을 욕하고 분노케 하며, 저주하는 말로써 상대로 하여금 견디기 어렵게 하는 등의 폭언이 여기에 속한다.

④ **기어**(綺語)는 비단결처럼 발라 붙이는 말이다. 화사하고 아첨하는 말로써 뜻도 없고 이익도 없는 말 또는 무용한 정치적 논란이나 모략 등이 여기에 속한다.

이와 같은 네 가지 종류의 망어는 모두가 삼독심

(三毒心)인 탐욕과 분노와 어리석음 때문에 생겨나는 것이다. 그러므로 진실되고 평화롭고 부드럽고 도움을 줄 수 있는 말을 하면 능히 삼독을 잠재우고 깨달음의 문을 열 수가 있다.

이상의 마음가짐에 따른 망어의 유형 외에도, 망어의 무겁고 가벼운 정도에 따라 **소망어**(小妄語)와 **대망어**(大妄語)로 분류하기도 한다.

소망어는 우리가 보고 듣고 알게 되는 견(見)·문(聞)·지(知)의 세 가지에 대하여 사실과 반대되게 말하는 것을 가리킨다. 곧 본 것을 보지 않았다고 하고 보지 않은 것을 보았다고 하며, 들은 것을 듣지 않았다고 하고 듣지 않은 것을 들었다고 하며, 아는 것을 알지 못한다고 하고 알지 못하는 것을 안다고 하는 것으로, 세상에서 흔히 말하는 거짓말이 여기에 해당한다.

불가에서는 이러한 소망어를 범하게 되면 바일제죄(波逸提罪)를 적용시켜 처벌한다. 바일제죄는 참회를 함으로써 그 죄가 소멸되는 가벼운 죄이다. 그렇지만 참회를 하지 않으면 지옥에 떨어지는 결과를 초래하게 된다고 한다.

그리고 소망어로 말미암아 제3자의 재산에 손해를 끼칠 목적으로 소망어를 하였다면 제2계인 투도계와 관련되는 죄를 범한 것이 된다. 또 비록 아무리 작은 거짓말이라 할지라도 그 거짓말로 인해 무고한 사람이 죽게 되는 경우라면 곧 살생계와 관련되므로 중죄를 범한 것으로 취급하게 되는 것이다.

소망어가 스스로의 이익 또는 습관성에 의해, 아닌 것을 그렇다고 하거나 맞는 것을 아니라고 하는 소소한 거짓말인데 비해, 대망어는 많은 사람의 공경을 받기 위해 '나는 도를 깨달았다', '나는 부처의 후신이다', '나는 보살의 후신이다' 라고 하면서 성인을 자처하는 거짓말이다.

이러한 대망어를 범하면 바라이죄(波羅夷罪)를 적용하여 불교교단에서 영원히 추방하도록 되어 있다. 곧, 자신이 참선을 하다가 조금 식견이 열린 것을 가지고 오도(悟道)를 하였다고 하거나, 불도를 닦아 높은 수행 경지에 이르지 못하였으면서도 다른 사람들로부터 보시를 받고 명예를 얻고 존경을 받기 위해 그와 같은 자격을 얻은 것처럼 공언하는 것을 대망어라고 하며, 그 죄를 바라이죄로 규정하고 있는 것이다.

그러므로 불자라면 절대로 대망어계를 범하여서는 안 된다. 이제 부처님께서 최초로 대망어계를 제정하시게 된 동기를 살펴보면서 망어를 범하여서는 안 되는 까닭을 새겨보도록 하자.

대망어계를 제정하신 것은 바이샬리에서 이다.

부처님께서 많은 제자들을 거느리고 이 바이샬리에 계셨던 어느 때, 몇 해 동안 큰 흉년이 계속 되었다. 흉년으로 인해 백성들이 모두 굶주리게 되었으므로 비구들도 걸식하기가 여간 힘들지 않았다.

마침내 부처님께서는 비구들에게 각각 흩어져서 아는 사람이 있는 곳을 찾아 안거정진(安居精進)할 것을 명하였고, 비구들은 부처님의 곁을 떠나 마갈타국이나 바구말하(波救末河) 부근의 인연 있는 곳을 찾아 몇몇씩 무리를 지어 떠나갔다.

그런데 바구말하 강가에서 안거를 하게 된 일단의 노비구들은 음식을 쉽게 구할 수 있는 하나의 묘책을 강구해내었다. 주민들에게 자신들이 많은 수행을 하여 성인의 과를 얻은 도인들이라는 소문을 퍼뜨리자는 것이었다. 갑비구는 을비구를, 을비구는 병비구를, 또 병비구는 갑비구를 '아라한과를 얻은 성자'라고 주민들에게 전파하는 방편을 쓰기로 한 것이다. 그들은 각각 다른 마을로 나아가 이렇게 말하였다.

"여러분들은 이제 큰 복을 지을 수 있게 되었습니다. 청정한 성자의 수행을 닦아 거룩한 도과(道果)를 성취한 대복사문(大福沙門)이 여러분의 마을에 계십니다."

"이렇게 복된 인연을 어찌 쉽게 구할 수 있으랴. 지금 흉년이 들어 모진 고통을 당하고 있는 우리들을 구해 주시고자 성자들이 출현하셨구나."

마을 사람들은 이렇게 생각하고 많은 보시를 하였다. 뿐만 아니라 이 소문이 이 마을 저 마을로 퍼지자 인근의 주민들까지 노부모와 처자에게 줄 음식을 절약하거나 조상에게 제사를 지낼 때 쓸 음식을 가져오

기도 하였다. 덕분에 그 일단의 노비구들은 음식 걱정 없이 편안히 지낼 수가 있었다.

안거를 마치고 다시 부처님께서 계신 처소로 돌아온 제자들은 그 동안의 공부한 경위를 자세히 아뢰었다. 대부분의 비구들은 파리하게 몸이 마르고 얼굴이 창백하였지만, 오직 바구말하 강변으로 갔던 비구들만은 몸에 살이 찌고 얼굴에 기름이 흐르고 있는 것이었다. 부처님은 그들로부터, '걸식에는 전혀 어려움이 없었고, 안거를 아무 고생 없이 잘 할 수 있었다'는 말을 들으시고 물었다.

"참으로 알 수 없는 일이로구나. 이 흉년에 걸식이 쉽지 않았을 터인데 너희들은 어찌하여 살이 쪄서 돌아왔느냐?"

의기양양해진 그들은 자신들이 연구하여 성공한 묘책을 말씀드렸다. 부처님은 그 말을 들으시고 크게 꾸짖었다.

"참으로 어리석도다. 너희들은 바르지 않은 법〔非法〕을 행한 것이고 해탈도에 위배되는 짓을 했으니, 도저히 용서할 수가 없다. 차라리 돌을 구워 먹고 구리를 녹여 마실지언정, 거짓말을 하여 신심으로 보시를 하게 하는 탐욕을 부린단 말이냐? 출가자가 가장 존중해야 할 신통성과(新通聖果)를 경솔하게 거짓말하는 것은 도저히 용서받을 수 없는 일이다. 대저 이 세상에는 다섯 가지 큰 도둑이 있다.

첫째, 수천 명의 도둑의 두목이 되어 사람을 죽이고 재물을 약탈하는 무리들이고

둘째, 많은 비구들을 이끌고 다니면서 삿된 법을 말하면서 의기양양해 하는 나쁜 비구들이요

셋째, 남의 여러 설법을 훔쳐 자기의 가르침인 것처럼 거짓말하는 악사문(惡沙門)이며

넷째, 청정행을 닦지 않으면서 청정수행을 사칭하는 악비구들이며

다섯째, 도과(道果)를 얻지 못했으면서 오로지 이득을 위해 신통묘력이 있다고 거짓말을 하는 악비구들이니라.

이러한 다섯 도둑은 모든 중생 가운데 최대의 도둑이니라. 만일 비구로서 인간을 초월한 신령한 신통력을 보지도 않았고 알지도 못하면서, '나는 이런 것을

보고, 이런 것을 안다'고 하는 비구는 바라이죄이니 승단에 함께 있을 수 없느니라."

❧

부처님께서는 삿된 법을 말하거나, 남의 가르침을 자신의 가르침인양 하거나, 청정수행승을 사칭하거나, 이득을 위해 도를 이루었다고 하는 이들을, 사람을 죽이고 재물을 약탈하는 도둑의 두목과 같은 자라고 하셨다. 불자라면 적어도 진리와 도에 관한 한 절대로 거짓말을 해서는 안 된다.

스스로가 그렇지 않은 줄을 알면서도 '나는 법을 깨달아 도를 얻었다'고 하거나, 남을 시켜 글을 쓰는 등의 간접적인 방법을 동원하여 자신이 깨달음을 얻은 것처럼 선전하여서도 안 된다.

공부를 하는 사람은 그 무엇보다 스스로가 이룬 공부의 경지에 대해 담백하여야 한다. 명리를 도모하기 위해 사람을 시켜 나의 미덕을 드날리게 하거나 남을 부추겨 스스로 성인이라고 자처하게 만드는 처사만은 그만두어야 한다.

정녕 대망어를 범하여 '나'의 바른 공부의 길을 막

고 다른 사람까지 미혹에 빠뜨리는 일만은 그만두어야 한다. 어디에서나 어느 때에나 진실만이 도를 자라게 한다는 것을 명심하고, 스스로의 작은 욕심에 속아 대망어를 범하는 일이 없도록 하기 바란다.

살리고 깨우치는 불망어계

그런데 절대로 범하지 말아야 할 대망어를 제외하면, 인생살이에서 꼭 지킬 수만은 없는 것이 불망어계이다. 실로 한세상을 살면서 거짓말을 한 번도 하지 않고 사는 사람은 거의 없을 것이다. 아주 가벼운 거짓말, 불가피한 거짓말, 이를테면 상대방에게 전혀 피해를 주지 않는 거짓말은 오히려 하지 않을 수가 없을 것이다. 그리고 경우에 따라서는 반드시 거짓말을 해야 할 경우도 있다. 거짓말을 하지 않으면 도리어 허물이 되는 경우가 있다.

예컨대 불치병에 걸린 환자에게 그 증세를 일일이

말해 준다면 공포심을 일으키는 환자의 경우에는 그 수명을 더욱 단축시키는 결과를 가져올 수도 있다. 그러므로 의사나 가족 또는 친지들은 환자를 안심시키고, 자신감 속에서 투병에 임할 수 있도록 적당한 위로의 말과 함께 주의사항을 잘 인식시켜야 한다. 이 경우의 거짓말이 어찌 죄가 된다고 할 수 있겠는가?

또 갑이라는 사람이 을에 대한 험담을 하였을 경우, 만일 을을 찾아가서 갑이 말한 험담을 그대로 전달한다면, 갑과 을 두 사람 사이에는 불화가 생기고 바람직하지 않은 상황이 벌어질 것이다. 이럴 때는 사실과 다를지라도 부득이 두 사람을 화합시키는 쪽으로 거짓말을 해야 할 것이다.

특히, 만일 바른 말을 함으로써 선량하고 무고한 사람이나 수많은 생명이 살생을 당하게 되는 경우에 처하게 된다면, 반드시 거짓말을 하여 저들을 구해 주어야만 한다.

우리 불교에서는 이상과 같은 경우의 거짓말을 여망어(餘妄語)라고 한다. 여망어는 대망어도 소망어도 아닌 여유 있는 망어이다. 방편으로 거짓말을 살짝 함으로써 더 좋은 일을 가져오게 하는 것이 여망어이며, 이와 같은 여망어는 작지계(作止戒)의 정신에 의해 이루어진다.

지지계(止持戒)와 작지계(作止戒). 계율을 지키는 방법은 크게 지지계와 작지계로 나누어진다.

이 둘 중 지지계는 단순히 나쁜 짓을 하지 말 것을 강조하는 계이다. 곧 '어떠어떠한 행위는 계율에 어긋나므로 하지 말라'고 하면서 그 영역을 한정시키는 소극적인 계이다.

이에 비해 작지계는 악을 그치는 것으로만 만족하지 않고, 여기서 한 걸음 더 나아가 선행을 적극적으로 행하는 것을 뜻한다.

예컨대 거짓말을 하지 않는 것에만 한정시킨 것이 지지계라면, 상대에게 유익한 말, 바른 길로 갈 수 있는 교훈되는 말, 자비로운 말 등을 해 주는 것이 작지계이다. 소극적으로 도둑질을 하지 않는 데 그치는 것은 지지계요, 남에게 내 것을 베풀어 보시행을 하는 것은 작지계인 것이다.

이 두 계를 대승과 소승에 비유하면 지지계는 소승계요, 작지계는 대승계에 해당한다. 따라서 나쁜 행위를 스스로 끊는 소승의 지지계는 자리계(自利戒)가 되고, 선행을 적극적으로 실천하는 작지계는 남을 이롭게 하는 이타계(利他戒)가 된다.

이러한 뜻에서 흔히 지지계를 지악(止惡), 작지계를 행선(行善)이라고 한다. 불교의 계율 가운데 5계·10계·250계 등은 악을 멈추게 하는 지악의 지지계에 해당하고, 십선행(十善行)·육도만행(六度萬行) 등은 적극적으로 선을 행하는 행선의 작지계인 것이다.

그러므로 대승의 불자들은 단순히 거짓말을 하지 않는 소극적인 지지계에 그칠 것이 아니라 부드러운 말, 진실한 말, 부처님의 법문 등을 일러주어야 하며, 사람의 목숨과 관련된 문제이거나 중대한 분쟁이 발생할 염려가 있을 때에는 이런 일들을 화해시키기 위해 작은 거짓말을 할 줄 알아야 한다. 지지계의 입장에서 보면 분명히 계를 범한 것이 되지만, 작지계의 입장에서 보면 이는 결코 계를 범한 것이 아니며, 오히려 큰 공덕을 쌓는 것이기 때문이다.

 모름지기 우리 불자들은 불망어계를 지킴에 있어 살리고 깨우치는 불법의 참뜻을 잊어서는 안 된다. 그리고 한 걸음 더 나아가 스스로 정어(正語) 속에 살면서 인연 있는 중생들에게 정어를 베풀어 불법을 닦는 생활을 할 수 있도록 도와야 한다. 물론 어떤 이는 이야기할 것이다.

 "나의 눈도 올바로 떠지지 않았는데 어떻게 남에게 불법을 설할 수 있나?"

 그러나 꼭 내가 불법을 잘 알지 못한다고 할지라도 얼마든지 불법을 알려줄 방법은 많다. 가령 아주 쉽고 감명 깊은 불서를 법보시하거나, 좋은 법문을 들을 수 있는 곳으로 인도한다면 능히 큰 선행을 쌓을 수 있다.

 결론적으로 말해 불망어계는 '거짓없이 진실되게 살면서 중생들에게 정법을 심어주라'는 적극적인 의미를 담고 있다. 정녕 불자의 언어는 정법(正法)에 입각한 정어(正語)이다.

 모름지기 불자들은 부처님께서 망어계를 제정하신

뜻을 분명히 알고, 정법에 입각한 정어로써 뭇 중생을 일깨워 원만·성취·진실이 가득한 자타일시성불도(自他一時成佛道)의 길로 나아가야 하리라.

Ⅴ. 불음주不飮酒

음주의 허물

 불교의 근본 5계 중 다섯 번째는 '술을 마시지 말라〔不飮酒〕'는 것이다. 부처님께서는 술로 인해 생겨나기 쉬운 갖가지 혼란과 허물을 막기 위해 이 계를 제정하셨다.
 '술'은 알코올 성분을 지닌 음료의 총칭이다. 이러한 술은 정신을 흐리게 하고 이성을 잃게 하는 성질을 지니고 있다. 곧 알코올 음료를 일정량 이상 마시게 되면 중추신경이 마비되기 시작하는데, 중추신경이 마비되기 시작하면 판단력이 흐려지고 감정의 억

제력이 저하될 뿐 아니라, 행동이 경솔해지고 여러 가지 허물을 저지르게 된다. 그러므로 부처님께서는 『선생자경 善生子經』『보살행변화경 菩薩行變化經』 『제법집요경 諸法集要經』 등에서 음주로 인한 허물들을 자세히 말씀하셨다.

특히 『대지도론 大智度論』에서는 부처님께서 여러 경전을 통하여 말씀하신 음주의 허물을 한데 모아 다음과 같이 자세히 설하고 있다. 다소 장황하지만 끝까지 새겨 읽어주기 바란다.

문 : 술은 능히 추위를 쫓고 몸에 힘을 주고 마음을 기쁘게 하는 것인데, 왜 마시지 못하게 하시나이까?

답 : 몸을 이익 되게 하는 쪽은 아주 적고 손상시키는 면이 아주 많기 때문에 마시지 말라고 한 것이니, 비유하면 아름다운 음식 가운데 독을 섞은 것과 같기 때문이다. 대체 어떠한 독이 있는가? 부처님께서 난제가우바새(難堤伽優婆塞)에게 말씀하신 바와 같이 술에는 35종의 허물이 있

다. 무엇이 35종인가?

1. 현세의 재물을 없애게 된다. 왜냐하면 사람들과 함께 술을 마셔 취하게 되면 마음의 절제 능력을 잃어 소비에 대한 절제 능력도 잃게 되기 때문이다.
2. 여러 가지 병의 원인이 된다.
3. 싸움의 원인이 된다.
4. 옷이 흐트러지고 벗겨져도 부끄러움을 모른다.
5. 추한 이름과 나쁜 명성을 얻게 되어 사람들로부터 존경을 받지 못한다.
6. 지혜를 덮어 어둡게 한다.
7. 당연히 얻을 물건을 얻지 못한다.
8. 숨겨둔 비밀을 다 남에게 이야기하게 된다.
9. 사업에 몰두하지 않아 성취하지 못한다.
10. 술은 근심의 근본이 된다. 왜냐하면 취하고 나면 잃는 것이 많아지고, 깨고 나면 부끄럽고 뉘우쳐지며 근심이 따르기 때문이다.
11. 몸의 힘이 점점 감소된다.
12. 외모와 속이 상하여 모습이 좋지 않게 된다.

13. 아버지를 공경할 줄 모르게 된다.
14. 어머니를 공경할 줄 모르게 된다.
15. 사문을 공경할 줄 모르게 된다.
16. 바라문을 공경할 줄 모르게 된다.
17. 친척·어른들을 공경할 줄 모른다.
18. 부처님을 존경할 줄 모른다.
19. 법을 존경할 줄 모른다.
20. 스님네를 존경할 줄 모른다.
21. 나쁜 사람들과 벗이 되어 무리를 짓게 된다.
22. 어질고 착한 이를 점점 멀리 여의게 된다.
23. 마침내 계를 깨뜨리게 된다.
24. 부끄러움도 예의와 염치가 없게 된다.
25. 감정을 제대로 억제하거나 조절하지 못한다.
26. 끝없이 방일한 데에 떨어진다.
27. 사람들이 미워하고 싫어하여 보려하지 않는다.
28. 가까운 친척들이 외면하여 돌보지 않는다.
29. 착하지 못한 행위를 자꾸 하게 된다.
30. 착한 법을 점차 버리게 된다.
31. 밝은 이나 슬기로운 이가 믿지 않는다.

32. 열반법을 멀리 여의게 된다.
33. 어리석고 미치광이 같은 짓을 하게 된다.
34. 목숨을 마치면 삼악도에 떨어진다.
35. 내생에 설사 사람의 몸을 받더라도 그 태어나는 곳에서 항상 미치광이가 된다.

술을 마시게 되면 이상과 같은 많은 허물을 저지를 수 있게 되므로 음주를 경계하신 것이다.『대지도론』에서는 마지막으로 게송을 통하여 불음주를 거듭 강조하고 있다.

술은 깨달아 아는 힘을 잃게 하며
몸과 마음을 함께 더럽히도다
슬기로운 마음을 어지럽게 만들고
부끄러운 언동을 저지른다네

    酒失覺知相 주실각지상
    身色濁而惡 신색탁이악
    智心動而亂 지심동이란
    慙愧已被劫 참괴이피급

바른 생각 잃게 되고 분노심 늘며
기쁨은 사라지고 집안은 괴롭도다
듣기 좋게 술 마신다 이름하지만
실상으론 목숨 뺏는 독약이어라

　　失念增瞋心　실념증진심
　　失歡毁宗族　실환훼종족
　　如是雖名飮　여시수명음
　　實爲飮死毒　실위음사독

살생은 자비의 종자를 끊고
도둑질은 복덕의 종자를 끊고
음행은 청정한 종자를 끊고
거짓말은 진실의 종자를 끊고
음주는 지혜의 종자를 끊는다

　　殺生斷於慈悲種　살생단어자비종
　　偸盜斷於福德種　투도단어복덕종
　　邪淫斷於淸淨種　사음단어청정종
　　妄語斷於眞實種　망어단어진실종
　　飮酒斷於智慧種　음주단어지혜종

불음주계는 차계遮戒이다

　이와 같이 술을 먹지 못하도록 경계하였지만, 흔히 들 '술 마시는 것쯤이야 남의 물건을 도둑질하는 것도 아니고 남을 직접 해롭게 하는 것도 아니니 어떠랴'고 한다.
　실로 술 자체가 허물이 아니듯이, 술을 마시는 것이 곧 죄가 되는 것은 아니다. 따라서 동서고금의 모든 나라에서는 결코 음주 자체가 범죄 행위가 될 수 없다 하여 법으로 금하지 않았다.
　다만 기우제(祈雨祭)를 거국적으로 실시하거나 특별한 사정을 시한부 금주령을 선포한 경우에만 음주를 제지하였던 것이다.
　죄에는 **성죄**(性罪)가 있고 **차죄**(遮罪)가 있고, 계에도 **성계**(性戒)가 있고 **차계**(遮戒)가 있다.
　예컨대 사람을 죽이거나 남의 재물을 훔치는 것은 직접적으로 남에게 피해를 입히는 행위이므로 이를 성계라 하고, 어떤 행위 자체가 곧 직접적인 죄라고는 할 수는 없지만 그대로 놓아두면 본질적인 죄를 범할 염려가 있기 때문에 금하는 것을 차계라고 한다.

예컨대 절벽 낭떠러지 근처에서 어린이들이 노는 것을 금하도록 한 것이나, 어린이들이 많이 노는 주택가의 길이 비록 넓은 차도라 하더라도 모든 차를 서행(徐行)하도록 하는 것은 모두 다 사고를 미연에 방지하기 위해 제정한 것이다. 이것이 차계이다.

그리고 본질적인 죄를 성죄(性罪)라 하고, 성죄를 막기 위해 미리 제지한 계율을 범하거나 성죄를 유발시키는 어떤 잘못을 차죄(遮罪)라고 한다.

곧 성죄는 살생·도둑질 등으로, 그 행위 자체가 죄가 되는 것을 말하고, 차죄는 그 행위 자체가 죄는 아니지만 살생·도둑질 등의 성죄를 유발시키는 죄를 가리킨다.

술은 사람의 마음을 혼미하게 만든다. 우리의 근본마음을 무명(無明)으로 덮어 지혜를 발현시키지 못하게 만들어 버리는 것이다. 이와 같은 측면에서 본다면 술을 마시는 그 자체까지도 본질적인 허물이 되므로 성죄라고 할 수도 있다. 그러나 음주 그 자체가 죄라고 하기 보다는 술에 취하게 되면 살생·투도·음행·망어의 성죄를 유발한다는 속성이 더 강하기 때문에 일반적으로 차죄로 규정하고 있는 것이다.

　이런 의미에서 보면 술을 먹는 것은 차죄이고 술을 먹지 말라고 경계를 하는 것은 차계이다. 이제 술을 마심으로 해서 살생·투도·음행·망어의 네 가지 죄를 일시에 저지른 실례 하나를 소개하기로 한다.

　아득한 옛날 한 시골에 평소 마을 사람들에게 존경을 받는 한 거사(居士)가 살고 있었다. 그는 재산도 있고 교양과 학식을 갖춘 사람이었으므로 부도덕한 행위를 할 리가 없는 사람이었다. 그런데 어느 날 대낮부터 술을 많이 마셔 거의 제정신을 가누지 못할 정도에 이르렀다.

　그 때 마침 이웃집 닭 한 마리가 모이를 찾아 주위를 헤집고 다니다가 그의 집으로 들어와서 마당을 휘젓고 있었다. 그는 포동포동 살이 오른 암탉을 보자 식욕이 크게 동하여 생각할 여유도 없이 남의 닭을

잡아먹고 말았다. 이로 인해 그는 남의 닭을 도둑질한 허물을 짓게 되었고, 또한 생명을 죽이는 더 큰 죄를 저지르게 되었다.

닭고기를 안주 삼아 더 많은 술을 마시게 되자 그의 취기는 더욱 깊어졌다. 한편 이웃집 부인은 자기 집의 닭이 이웃집에 들어간 뒤 날이 저물도록 돌아오지 않자 수상하게 생각하여 그의 집을 찾아갔다.

"우리 집 닭이 댁으로 들어갔는데 보지 못했습니까?"

"나는 전혀 모르는 일이오."

그는 완강하게 부인하였다. 이로써 거짓말까지 저지르게 된 것이다.

그러나 이웃집 부인은 그가 닭고기를 먹는 것을 보고 의심이 생겨 발걸음을 옮길 수가 없었다. 그런데 한껏 취한 거사의 눈에는 여인의 주저하고 있는 모습이 너무나 매혹적으로 보였다. 그는 동물적인 충동을 거세게 일으켜 부인을 강제로 겁탈하고 말았다. 마침내 사음을 저지른 것이다.

평소 계를 잘 지키던 불자요 마을의 지도자였던 그였지만, 불음주계를 어긴 것이 원인이 되어 마침내 살계·투도계·사음계·망어계를 모두 다 범하고 만 것이다.

만일 그 이웃집 남자 주인이 그 일을 알았다면 더욱 큰 살생이 벌어지고 악구(惡口)와 싸움이 일어났을 것이다.

이와 같이 술은 무서운 범죄를 일으키게 하는 요인이 되기 때문에, 불법을 닦는 불자는 이 음주계가 비록 성계는 아니지만 미리 조심하여 먹지 말라고 한 것이다.

특히 인도는 더운 나라이기 때문에 술을 마시게 되면 빨리 취하게 되고, 또 술을 마시고 병이 걸리게 되면 쉽사리 죽기까지 한다. 따라서 우리와 같은 온대지방의 나라에서보다 더욱 철저하게 술을 마시지 말 것을 경계하고 있다.

재가불자와 출가스님의 불음주계

이제 재가불자가 술을 마시는 경우와 출가한 스님이 술을 마시는 경우에 대해 논하여 보자.

계를 이야기할 때는 언제나 재가신도와 출가한 승려를 구분해서 생각할 줄 알아야 한다. 일반적으로 같은 하나의 계를 놓고 볼 때, 재가불자의 계는 가볍고 출가자의 계는 엄한 것이 상식이다. 출가자는 문자 그대로 세속을 떠나 부처님의 도량에 들어와서, 신도들의 공양을 받으며 오로지 수행생활에만 전념하는 위치에 있기 때문에 자연히 엄할 수밖에 없는 것이다.

앞에서도 살펴보았듯이 불음계의 경우에도 출가인은 일체의 음행을 금하였지만 재가인에게는 사음만을 금하였다. 불망어계의 경우에도 스스로 깨달은 성자라고 자처하는 대망어는 주로 출가자가 범하기 쉬운 금계요, 재가자는 이와 같은 허물을 거의 범하지 않고 있다.

재가신도들은 사업상 또는 부득이한 일이 있어 술을 마셔야 하는 경우가 있다. 그러할 때는 술을 즐겨 먹지 말고 취하도록 먹지 말 것이며, 남에게 함부로 권하지 말아야 한다.

그리고 술을 권하는 경우에도, 나쁜 마음이 아니라 좋은 마음으로 권하는 때도 있다. 서로 불화가 있고 다툼이 있는 사람을 화해시키기 위해서, 또는 피로에 지치고 추위에 떠는 이의 고통을 덜어 주기 위해 술을 준 것은 죄가 되지 않는다. 영하 10도 이하의 강추위 속에서 근무를 한다거나, 어떤 사정으로 얼어 죽게 된 사람을 살리기 위해 다른 방법이 없어 술을 주었다면 그것은 잘못보다 잘한 일로 볼 수가 있다.

또한 중노동을 하는 사람들은 보면 대개 막걸리 등의 술을 참(站)으로 먹어야 피로도 풀리고 힘이 나는 모양인데, 그들에게 술을 권하였다 하여 허물이 되지는 않는 것이다. 또 직장의 부득이한 사정으로, 또는 악의가 아닌 일로 술을 권한 경우라면 계를 어긴 여부를 굳이 따질 필요가 없다. 그러나 나쁜 마음으로 남을 해롭게 할 목적으로 범하였다면, 당연히 중죄를 범했다고 할 것이다.

특히 술을 마시고 권하는 허물은 한량이 없지만 만일 중생을 깨우치기 위해 함께 술을 마셨고 또 권한 것이라면 결코 죄가 될 수 없는 것이다.

피사익왕의 왕비인 말리(末利)부인이 부처님으로부터 계를 받은 뒤의 일이다. 어느 때 왕이 음식을 잘못 만든 조리사를 죽이려 하자, 왕비는 왕이 좋아하는 술상을 잘 차려 주연을 베풀고 서로 권하며 마음껏 술을 마셨다. 왕은 부인이 술을 마시는 것을 보고 즐거워하다가 조리사 죽이는 일을 잊게 되었고, 이로 인해 조리사는 죽음을 면할 수 있게 되었다. 그 뒤 왕비가 부처님께 나아가 이 일을 여쭙고 참회하자, 부처님께서 말씀하셨다.

"그와 같은 이유로 술을 마신 것은 큰 이익을 얻은 것이요, 계를 범한 것이 아니니라."

모름지기 재가불자가 술을 마실 때에도 남을 돕고

살리는 정신으로 먹지 않으면 안 된다. 타락을 위한 술이 아니라 살리고 돕는 술이 되도록 해야 하는 것이다.

이상에서 살펴본 바와 같이 재가불자의 불음주계는 어느 정도 융통성이 있다. 그러나 출가스님의 불음주계는 매우 엄격하다. 이에 대해서는 『사분율 四分律』에 기록된 불음주계의 제정동기를 살펴보면 잘 알 수가 있다.

지타국(支陀國)의 거상(巨商)인 카우삼비는 사가타(沙迦陀) 존자가 신통력으로 큰 독룡(毒龍)을 제압하는 것을 보고 감복하여 공양을 올렸고, 사가타 존자는 맛있는 음식과 술을 마음껏 먹었다.

이윽고 자리에서 일어난 사가타 존자는 술에 취해 얼마 가지 못하고 길에 쓰러져 먹은 것을 모두 토하였으며, 뭇 새들이 냄새를 맡고 어지러이 울었다. 이때 부처님께서는 아시면서도 짐짓 아난존자에게 물으셨다.

"새들이 무엇 때문에 우느냐?"

이에 아난이 그 일의 전말을 말씀드리자 부처님께서 아난에게 말씀하셨다.

"사가타 비구가 지금과 같으면 작은 용도 항복시키지 못할 것이다."

부처님은 다시 아난에게 말씀하셨다.

"술 마시는 이에게는 열 가지 허물이 있다.

① 얼굴빛이 나빠지고〔顏色惡〕

② 기운이 없어지며〔少力〕

③ 사물을 제대로 볼 수가 없고〔眼視不明〕

④ 성난 얼굴을 하기 쉽고〔現嗔恚相〕

⑤ 있는 재산과 하던 사업을 그르치게 되며〔壞田法資産法〕

⑥ 질병을 불러일으키고〔增致疾病〕

⑦ 싸움과 소송을 좋아하게 되며〔益鬪訟〕

⑧ 명예는 없어지고 나쁜 이름만 높아지며〔無名稱惡名流布〕

⑨ 지혜가 없어지며〔智慧減少〕

⑩ 목숨을 마치고 나면 삼악도에 떨어진다〔身壞命

終墮三惡道〕.

지금부터 나를 스승이라 하는 이는 초목이라도 술 속에 넣었던 것은 입에 넣지 말라."

그리고 부처님께서는 무수한 방편으로 사가타 비구를 꾸짖으신 뒤 여러 비구들에게 말씀하셨다.

"사가타 비구, 이 어리석은 사람은 가장 처음으로 이 계를 범하였다. 지금부터 비구들에게 계를 제정해 주어 열 구절의 이치를 모으고 바른 법이 오래도록 머무르게 하리니, 마땅히 계를 말하는 이는, '어떤 비구가 술을 마시면 바일제 (波逸堤 : 다른 이에게 참회하지 않으면 지옥에 떨어지는 죄)이니라.' 라고 하라.

그리고 범하지 않는 경우가 있느니, 병이 있어 다른 약으로는 고치지 못하므로 술에 약을 타거나 술을 종기에 바르는 것은 범하지 않는 것이니라. 또 처음 계를 제정하기 전이나, 어리석고 미쳐서 마음이 어지럽고 고통과 번뇌에 얽힌 때에는 범한 것이 아니니라."

8

불음주계를 제정하실 때 부처님께서는 말씀하신

것처럼, 출가한 스님들은 아주 특별한 경우를 제외하고 술을 마셔서는 안 된다. 그런데도 스님들 중 일부는 음주를 허물로 생각하지 않고 취하도록 마시는 이들이 있다.

　옛날 중국 남북조시대의 담현(曇顯) 스님은 삼장(三藏)을 해박하게 통달하여 지혜와 학문을 널리 떨쳤고, 대승경전에 의지하여『보살장중경요급배천법문菩薩藏衆經要及百千法門』도 저술하였다. 스님은 도교의 도사들과 말술을 마시는 도력을 다투어 그들을 귀의시켰는데, 이로부터 중국에 불법이 크게 일어났다고 한다.

　만일 누가 있어 담현스님처럼 술을 독채 마시고 오줌을 누어 능히 돌을 부숴뜨리며, 술과 고기를 먹으면서『화엄경』을 하룻밤 사이에 외울 수 있는 법력이 있으면 술을 마셨다고 하여 허물이 생길 일이 없다. 그러나 진정 그러한 능력이 없다면 그 해가 적지 않은 것이다. 그러므로 계율에 정통했던 중국의 홍찬스님은 다음과 같이 말씀하셨다.

오늘날 미치광이 선객들이 있어 계율을 상에 집착하는 것이라고 비방하면서 방자한 몸과 마음으로 밤낮없이 마구 마시나니, 그것을 어찌 귀신이나 축생이 먹는 것과 구별할 수 있으랴. 계를 소승이라고 비방하며 술을 마셔도 허물이 없다고 일컫는다면 끓는 똥 속의 구더기가 될 것을 두려워하지 말아야 할 것이다. 마침내 지혜 없는 사람들이 따라서 하게 된다면 스스로도 눈멀고 남도 눈멀게 하는 것이니, 죄를 얻어 과보를 받음이 어떠한지는 경에 밝힌 바와 같다. 어찌 두렵지 않으랴.

출가한 승려의 몸으로 감히 스스로가 갖춘 조그마한 도력을 빙자하여 계율을 무시하고 함부로 술을 마신다면, 마침내 그 허물이 한없이 커져 걷잡을 수 없는 악의 구렁텅이에 빠져들게 되고 만다는 것을 잘 명심해야 할 것이다.

술을 팔지 말라

  불음주계를 마무리하면서 한 가지 더 이야기 할 것은 '술을 팔지 말라(不酤酒)'는 것이다. 불자의 근본 5계에서는 불음주계를 중요시 하지만, 보살계에서는 불음주를 가벼운 계(輕戒)로 삼고 불고주계를 중한 계율(重戒)로 삼고 있다. 그 까닭이 무엇인가?
  부처님께서 계를 제정하신 본래의 뜻은 중생들로 하여금 탐·진·치의 삼독을 제거하여 맑고 자재한 깨달음과 해탈을 성취시키고자 함에 있었던 것이다. 그런데 보살이 술을 판다면 곧 부처님의 본의를 어기는 것이 되기 때문에 엄히 금하신 것이다.
  대저 보살은 중생을 제도하는 것을 본의로 삼고 있는 만큼, 자신이 악율의(惡律儀)를 행하지 않는 것도 중요하지만, 다른 사람으로 하여금 나쁜 데 떨어지지 않도록 하는 것도 역시 중요한 일이다.
  한 걸음 더 나아가, 보살은 마땅히 가지가지 착하고 묘(妙)한 방편을 베풀어 중생으로 하여금 오묘한 지혜를 내도록 해야 한다.

그런데도 삿되고 바른 길을 분별하지 못하여 중생들로 하여금 미혹과 망령된 길을 쫓도록 한다면, 이는 독약을 주는 것이나 다를 바가 없다. 곧 술을 팔아 술을 먹게 하는 것은 중생의 지혜를 길러주는 것이 아니라, 그들의 마음을 무명으로 뒤덮어 버리는 행위인 것이다. 이 때문에 부처님께서는 술을 팔지 말 것을 중계(重戒)로써 금하신 것이다.

그런데 여기에서 한 가지 의문을 제기할 수가 있다. 술이 사람에게 해로운 것이기 때문에 술 파는 행위를 중계로 규정한다면, 살생의 기구인 칼이나 총 같은 무기를 파는 행위는 더더욱 중계로 규정해야 할 것이 아닌가 하는 것이다.

맞는 이야기이다. 계율에 있어서의 중계는 세속의 극형에 해당하는 최후의 벌칙이 따르는 계이다. 만일 칼 등의 무기를 소지한다든가 그것을 판매하는 생업 자체를 경계(輕戒)가 아닌 중계로 다룬다면, 보통 사람의 3분의 1 이상이 중계를 범하는 경우에 처하게 될 것이다. 그것은 중생을 해탈의 길로 이끌기 위해 제정한 계율의 근본 도리에도 꼭 계합한다고 할 수 없다.

　이런 점에서 술을 파는 고주계도, 나쁜 의미로 술을 먹게 하고 판 경우에 국한시켜 생각할 필요가 있다. 예컨대 상대방은 어떻게 되든지 술을 먹으라고 권해서 팔고, 심지어는 술 속에 약 같은 것을 넣어 그 사람의 돈을 약탈하고, 술과 여자를 함께 팔아서 유혹하고 갈취하여 남의 살림을 파산시키는 등, 사람을 사경(死境)으로 몰아넣으면서까지 술을 파는 이가 있다. 이와 같은 고주계라면 마땅히 중죄가 되는 것이다.

　직업을 선택하는 데 있어 술을 파는 것을 고주계로서 특별히 금하게 된 까닭은, 술집이 자칫하면 범죄를 저지르는 온상이 되는 경우가 허다하기 때문이다. 그리고 술장사를 하다 보면 술을 팔기 위해 자꾸 술을 먹도록 권하게 되고, 스스로의 뜻과는 달리 술을 먹은 사람들이 이성을 잃어 싸움도 하고 다치거나 죽게 되는 인연도 맺게 되기 때문이다. 그러므로 될 수 있는 한 술장사는 하지 않도록 해야 한다.

부산 동래 온천장에는 내가 아는 보살이 몇 사람 있다. 그 중에서 나이가 제일 어리다고 하여 '막내보살'로 불리는 이에게 있었던 일이다.

막내보살은 오래 전부터 진로소주 도매업을 하고 있었다. 그런데 나에게 보살계(菩薩戒)를 받고부터는 자꾸만 자신의 직업이 마음에 걸린다고 하였다. '술장사를 하지 말라' 는 것이 보살의 십중대계(十重大戒) 중 제5계로 제정되어 있었기 때문이었다. 그래서 가끔씩 절에 갈 때마다 부처님 전에 엎드려 기도를 드렸다.

"부처님! 술 도매업 대신 다른 직업을 갖게 해 주십시오."

이렇게 절을 찾을 때마다 빌기를 3년, 하루는 아는 사람이 와서 자꾸만 땅을 사라고 권하는 것이었다. 처음에는 별 생각 없이, '한번 구경이나 해볼까?' 하였는데, 거듭거듭 재촉하는 바람에 갖고 있던 여유 돈으로 땅을 사게 되었다.

그녀는 빈 땅을 그냥 놀리기가 아깝다는 생각이 들

어, 그 땅에 울타리를 치고 조그마한 움막 한 채를 마련하였고, 땅을 돌볼 사람을 고용했다. 그렇게 사람이 살게 되다 보니 자연 식수가 필요해져서 우물을 파게 되었다.

인부를 사서 땅을 꽤 깊이까지 파 들어갔을 즈음, 아주 큼지막한 바위 하나가 걸려 좀처럼 진척을 보지 못하였다. 그렇다고 새로이 다른 곳을 뚫자니 그 동안의 공이 아까웠다.

"어렵더라도 바위를 부숩시다."

이렇게 하여 바위를 쪼개었더니, 놀랍게도 그 사이로 뜨거운 온천수가 솟아나오는 것이었다. 그 바람에 땅 값이 수십 배나 뛰어올라 막내보살은 큰 부자가 되었고, 그 땅에다 몇 채의 호텔을 지어 경영하게 되었으며, 그 동안 마음에 걸렸던 술 도매업은 자연스럽게 그만둘 수 있게 되었던 것이다.

༄

우리 불자들은 스스로 술을 즐겨 미혹과 타락의 길로 빠져들어서는 안 된다. 아울러 다른 사람의 밝은 지혜를 미혹되게 하거나 맑고 깨끗한 마음을 번뇌롭고 탁하게 만들어서도 안 된다. 이것이 불음주와 불고주 속에 깃든 뜻이니, 한 잔의 술을 우습게 여기지 말고 진중하게 살기를 당부드린다.

🌼

마지막으로 이 山僧이 지은 〈오계의 노래〉를 수록하면서 『오계 이야기』를 끝맺고자 한다.

살생하지 아니하고 자비심을 가지리다
투도하지 아니하고 복덕을 지으리다
사음간음 하지 않고 청정행을 지키리다
망어를 하지 않고 진실을 말하리다
음주를 아니하고 지혜를 키우리다

오계수계정범

五戒受戒正範

동곡 일타 編

식순 式順

개식	開式
거향찬	擧香讚
대비주 또는 심경	大悲呪・心經
청성	請聖
청사	請師 (등단)
개도	開導
참회	懺悔 (연비)
귀의	歸依
선계	宣戒
발원문	發願文
회향	回向
폐식	閉式

제1 거향찬(擧香讚)

자성인 각(覺)이 신령하고 밝아서	性覺靈明
고요히 비치고 참되고 항상됨에	寂照眞常
삼보에 귀의하여 이 몸 바치고	三歸納體
오계를 받아서 터를 돋우네	五戒培基
삼보는 자비하신 나룻배인데	三寶是慈航
한 조각 마음 향을 피워 올리고	一瓣心香
법왕께 귀의하여 정례합니다.	歸體法中王

(대비주 1편 또는 반야심경 독송)

제2 청성(請聖)

향화영 향화청	香花迎 香花請
수계제자등 일심봉청	受戒弟子等 一心奉請
사바교주석가모니불	娑婆敎主釋迦牟尼佛
서방접인아미타불	西方接引阿彌陀佛
당래하생미륵존불	當來下生彌勒尊佛
진허공변법계일체제불	盡虛空遍法界一切諸佛
유원 불위본서	唯願不違本誓
자광섭조 증명수계 (1배)	慈光攝照 證明受戒 (一拜)

향화영 향화청	香花迎 香花請
수계제자등 일심봉청	受戒弟子等 一心奉請
대소이승 비니율장	大小二乘 毘尼律藏
오편삼취 해탈목차	五篇三聚 解脫木叉
십이분경 권실교전	十二分經 權實教典
이욕진정 심심법보	離欲眞淨 甚深法寶
근운일심귀명정례(1배)	謹運一心歸命頂禮(一拜)

향화영 향화청	香花迎 香花請
수계제자등 일심봉청	受戒弟子等 一心奉請
관음세지 문수보현	觀音勢至 文殊普賢
청정해중 제대보살	清淨海衆 諸大菩薩
율장회상 우바리존자	律藏會上 優婆離尊者
서천동토 역대조사	西天東土 歷代祖師
전남산종 제대율사	傳南山宗 諸大律師
근역율조 자장율사	槿域律祖 慈藏律師
진표율사	眞表律師
유원 불위본서	唯願 不違本誓
자광섭조 증명수계(1배)	慈光攝照 證明受戒(一拜)

향화영 향화청	香花迎 香花請
수계제자등 일심봉청	受戒弟子等 一心奉請
광명회상 기위제천	光明會上 寄位諸天
범석사왕 천룡팔부	梵釋四王 天龍八部
가람토지 호계신왕	伽藍土地 護戒神王
금강력사 유현영기	金剛力士 幽顯靈祇
유원 불위본서	唯願不違本誓
감단호계 (1배)	監檀護戒 (一拜)

(수계화상께서 등단하시면 수계자는 삼배하고 장궤합장함)

제3 청사(請師)

선남자들이여, 앞에 이미 삼보를 영청迎請하였으니, 여기에는 삼보의 광명이 혁혁하여 이 법연法筵을 비추고 있느니라. 지금 여러분은 진정한 불자가 되기 위하여 청정한 묘계妙戒를 받으려는 것이니, 이것은 오로지 자의自意에 의한 것이고 타의他意에 의한 것이 아니라. 그러므로

오계 수계정범 · 137

먼저 계사戒師를 청해야 하는데, 한 마디씩 따라 하시오.

"수계제자 등은 지금 대덕스님을 청하와
우바새 우바이계의 화상으로 모시옵니다
저희들은 이제 대덕스님을 의지하와
삼귀의와 오계를 받사옵고
올바른 불자가 되겠사오니
원컨대 대덕스님께서는 청정한 계를 주옵소서
자민고慈愍故 자민고 대자민고大慈愍故" (예배)

제4 개도(開導)

선남자 선여인들이여, 여러분이 이와 같이 법사를 청하니 내가 이제 여러분들을 위하여 계사戒師를 지으리라.

대저 계戒라고 하는 것은 생선멸악生善滅惡의 기본이 되고 초범입성超凡入聖의 종자가 되는 것이니라. 사람마다 마음이 있고 마음에는 팔만

사천 번뇌가 있고, 번뇌는 한량없는 업을 만들어 중생의 고해苦海가 무량한 것이며, 생생세세生生世世에 윤회하기 마련이니라.

여기에 부처님의 계품戒品을 받는 것은 생사윤회를 끊고 해탈열반을 얻게 되는 지름길이 되고 그 터전이 되는 것이니라. 그러므로 부처님의 계는 '불계佛階에 오르는 사다리와 같다' 하였고, 생사장야生死長夜에 등불과 같고 고해를 건너는 배와 같고, 원행遠行의 자량資糧, 병자에 양약良藥, 혼탁한 물에 수청주水淸珠와 같은 것이니라.

첫째, 살생殺生을 하지 말라 함은, 자비와 사랑과 어진 덕성을 쌓게 하라는 것이니, 성내지 않는 성품으로 포악한 마음과 잔인한 마음을 멀리하고 위덕威德과 자업慈業을 닦으면 이것이 평화의 바탕이 되는 것이니라.

둘째, 투도偸盜 하지 말라 함은, 경세도세經世度世의 법도와 그 정의를 잘 지키고 보시정신으로 항상 남을 도움으로써, 인간천상人間天上에 무량복락無量福樂을 지으라는 것이니라.

셋째, 사음邪淫 하지 말라 함은, 예의와 순결을 지키므로 극기克己의 힘을 키우고, 자제自制의 능력으로 인격을 도야하며, 방일放逸을 멀리하고 행복을 얻으며, 타인에게 관대하고 자기를 청정케 하는 해탈법을 닦으라는 것이니라.

넷째, 망어妄語를 하지 말라 함은, 이상의 세 가지 계가 몸으로 짓는 업인데 대해, 네 가지 망어 곧 망어妄語·기어綺語·양설兩舌·악구惡口는 말로 짓는 업을 경계하는 것이니, 진실한 말은 믿음을 주게 하고 믿는 마음은 불자의 근본정신이 되는 것이니라.

다섯째, 술을 먹어 취하도록 하지 말라 함은, 지혜의 선용善用으로 마음의 휴식을 얻어 성성적적惺惺寂寂한 인물, 명달明達한 인격을 완성하라는 것이니라.

이러한 부처님의 오계법五戒法은 남에게 배우

는 교훈이 아니고, 자기가 자신을 가르치는 교육, 곧 불자의 생활신조가 되어, 마치 높은 탑 위에서 망을 보는 자처럼 그보다 더 많이 우리에게 무엇을 할 것인가를 가르치게 되는 것이다.

이 모두가 자기발견의 길이요, 해탈을 보호하는 방편문方便門인 것이니, 일심一心이 청정하여 일신一身이 안락하고, 나아가서 자신自信과 용기를 가지고 국가와 사회에 이바지하게 되는 것이니라.

이리하여 부처님의 계를 받음으로써 모든 허물을 멀리하게 되는 것은 천년 동안 어두웠던 방에 등불을 밝힘과 같나니, 설혹 지계持戒에 누累를 지었더라도 알고 잡는 불덩이에는 손을 적게 댐과 같은 것이다.

다음으로 무시이래無始以來의 소작죄장所作罪障을 삼보광명三寶光明의 신통도안神通道眼 앞에 발로참회發露懺悔해야 하는데, 따라서 하시오.

제5 참회(懺悔)

"수계제자 등이 무시이래로부터 오늘날에 이르도록 탐욕심과 진심과 질투와 아만과 방일한 마음으로 무량중죄를 지었음에 몸과 말과 생각을 가다듬어 지심참회하겠나이다. 지심참회하나이다. 지심참회하였나이다."

(이어 연비를 하면서 모두가 참회진언을 외움)

옴 살바못자 모지 사다야 사바하

제6 귀의(歸依)

선남자 선여인들이여, 참회를 하고 연비를 마쳤으니, 따끔한 찰나에 지극한 일심으로 다생겁래多生劫來의 소작업장所作業障이 마치 마른 풀 한 줌을 불태우듯 즉시 소멸되었음에, 몸과 마음이 무염無染하고 도기道器가 순결하기 마치 유리그릇과 같이 내외가 영철瑩徹하게 되었느니라.

이제 바로 삼보전에 대하여 광대하고 자비로운 상품심上品心을 발하여 삼귀의와 삼결갈마三結羯磨를 해야 하는데, 모두 또 따라하시오.

"수계제자 등이 부처님께 귀의하겠습니다.
수계제자 등이 부처님 법문에 귀의하겠습니다.
수계제자 등이 청정한 승가에 귀의하겠습니다."

"수계제자 등이
이미 부처님께 귀의하였사오니
차라리 신명身命을 버릴지언정
끝내 자재천마自在天魔 등에게
귀의하지는 않겠나이다.
저희들이 귀의한
여래지진등정각如來至眞等正覺은
저희들의 세존이십니다.
자민고慈愍故"(1배)

"수계제자 등이

이미 부처님 법문에 귀의하였사오니
차라리 신명을 버릴지언정
마침내 외도의 전적典籍에
귀의하지는 않겠나이다.
저희들이 귀의한 여래소설如來所說
삼장십이부三藏十二部 일체경전은
저희들이 존중하는 바입니다.
자민고慈愍故" (1배)

"수계제자 등이
이미 청정한 승가에 귀의하였사오니
차라리 신명을 버릴지언정
끝내 외도의 삿된 무리에게
귀의하지는 않겠나이다.
저희들이 귀의한 청정한 복전이신 스님네는
저희들이 존경하는 바입니다.
자민고慈愍故" (1배)

제7 선계상(宣戒相)

선남자 선여인들이여, 삼귀의를 받았으니 벌써 계체戒體를 구족했음이라. 다시 오계상五戒相을 펴니 호지할 것을 다짐해야 하나니, 다음 물음을 따라 '지키겠습니다'라고 대답하시오.

첫째, 살생하지 말지니, 자비심으로 중생을 사랑하라. 이것이 우바새 우바이의 계이니, 신명이 다하도록 능히 지키겠느냐 말겠느냐?

(答云) 지키겠습니다.

둘째, 주지 않는 남의 물건을 훔치지 말지니, 보시를 행하여 복덕을 지으라. 이것이 우바새 우바이의 계이니, 신명이 다하도록 능히 지키겠느냐 말겠느냐?

(答云) 지키겠습니다.

셋째, 사음을 하지 말지니, 몸과 마음으로 청정행을 닦으라. 이것이 우바새 우바이의 계이니, 신명이 다하도록 능히 지키겠느냐?

(答왈) 지키겠습니다.

넷째, 망어를 하지 말지니, 진실을 말하고 신뢰를 지키라. 이것이 우바새 우바이의 계이니, 신명이 다하도록 능히 지키겠느냐 말겠느냐?

(答왈) 지키겠습니다.

다섯째, 술을 마셔 취하게 하지 말지니, 언제나 밝고 통달한 지혜를 호지護持하라. 이것이 우바새 우바이의 계이니, 신명이 다하도록 능히 지키겠느냐 말겠느냐?

(答왈) 지키겠습니다.

(삼배를 한 다음 일어섬)

이와 같이 계를 받고 불자가 된 이는 예참의 禮懺衣인 '법복法服을 마련토록 하라' 했나니, 법복은 절에 올 때 반드시 싸 가지고 와서 불사의식佛事儀式에 참예할 때만 입는 것이고, 집에서는 깨끗한 곳에 안치해 두어야 하며, 보통 때나 길 다닐 적에는 입지 말아야 하는데,

 이러한 법을 잘 알아서 의교봉행依敎奉行해야 할지니, 행하겠느냐?

 (答云) 행하겠습니다.

제8 발원(發願)

 선남자 선녀인들이여, 삼귀오계三歸五戒를 잘 받아 마쳤으니, 신信과 행行과 원願이 서로 도울 수 있도록 발원發願을 해야 하는데, 또 따라 하시오.

 "저희들은 지극한 마음으로 발원하나이다. 이 삼귀의와 오계를 받은 공덕으로, 삼악도와 팔난八難에 떨어지지 아니하고, 모든 불사佛事를 성취하며, 이 공덕을 법계의 일체 중생에게 베풀어서 모두 보리심을 발하게 하며, 사바세계

를 극락세계로 화함에 영원과 자재를 구현하고, 모든 중생을 교화하여 원수와 친한 이를 평등케 하며, 생사의 윤회를 해탈케 하여지이다."

제9 회향(回向)

 선남자 선여인들이여, 발원을 마쳤으니, 수계를 이미 마쳤음이라. 삼보의 수승하고 미묘한 복덕은 말로 다할 수 없기에 수계하는 공덕도 불가사의한 것이니라.
 여러분이 지금 받아 가지고 이미 자기 것으로 얻었을 새. 응당 보배로이 수호하되, 외눈〔一目〕을 보호하듯, 외아들을 애호하듯, 부랑浮囊을 수호하듯, 성곽을 대호大護하듯 할 것이니라.

(계첩을 한 사람 한 사람에게 전하여 마치고, 수계제자들은 삼배 후 기립)

(계사는 합장하고 梵音으로)

"이차수계공덕以此受戒功德으로
원사생육도願四生六道가
동첨법은同沾法恩하리니
천하天下가 태평泰平하고
법륜法輪이 상전常轉하며
선망부모先亡父母가
왕생안락往生安樂하고
법계중생法界衆生이
동원종지同圓種智하리라
대중大衆은 동음同音으로
염불회향念佛回向이어다"

나무본사석가모니불 (10번)

(회향계를 한 후 대중이 함께 외움)

수계한 공덕 훌륭한 불사
그지없는 복덕을 모두다 회향
원하노니 헤매는 모든 중생들
무량광불 세계로 인도하고저
시방 삼세의 일체 부처님
제존보살 거룩하신 발자취로
마하반야바라밀

受戒功德殊勝行　수계공덕수승행
無邊勝福皆回向　무변승복개회향
普願沈溺諸有情　보원침익제유정
速往無量光佛刹　속왕무량광불찰
十方三世一切佛　시방삼세일체불
諸尊菩薩摩訶薩　제존보살마하살
摩訶般若波羅蜜　마하반야바라밀

(일제히 합장 반배하면서)

성불하십시오.

오계의 노래

기도 및 영가천도의 지침서

광명진언 기도법 / 일타스님·김현준　　　신국판　176쪽　6,000원
광명진언 기도를 널리 펴고자 일타스님과 김현준 원장이 함께 저술한 책. 광명진언 속에 새겨진 참의미와 바른 기도법, 빠른 기도성취법 등을 자상하게 설하고, 유형별 기도성취 영험담을 다양하게 수록하였으며, 누구나 보기 쉽도록 큰활자로 발간하였습니다. 광명진언을 외우면 행복과 평화, 영가천도, 소원성취를 이룰 수 있습니다.

생활 속의 기도법 / 일타스님　　　　　　신국판　160쪽　5,500원
불교계 최대의 베스트셀러! 일상생활에서 누구나 처할 수 있는 여러 가지 상황에 따른 구체적인 기도방법에서부터 특별기도성취법·영가천도기도법·기도할 때 지녀야 할 마음가짐까지, 자상한 문체로 예화를 섞어 쉽고 재미있게 엮었습니다.

기도 / 일타스님　　　　　　　　　　　신국판　240쪽　8,000원
총 6장 52편의 다양한 기도 영험담으로 엮어진 이 책을 읽다보면 기도를 통해 틀림없이 부처님의 가피를 입을 수 있음을 확신할 수 있게 되고, 올바른 기도법과 함께 기도성취의 지름길을 알 수 있게 됩니다.

기도성취 백팔문답 / 김현준　　　　　　신국판　240쪽　8,000원
기도에 대한 정의·기도와 믿음·업장소멸의 방법·꾸준한 기도의 효험·원을 세우는 법·축원법·각종 기도가피와 기도성취의 시기·성취를 위한 하심법下心法 등 기도에 관한 궁금증들을 문답형식으로 자상하게 풀이하였습니다.

참회와 사랑의 기도법 / 김현준　　　　　신국판　192쪽　6,500원
총 84가지 문답을 통하여 참회의 정의에서부터 참회기도를 해야하는 까닭, 절을 통한 참회법·염불참회법·주력참회법·가족을 향한 참회법, 기도 축원의 구체적인 내용 및 자비의 기도가 갖는 효과, '백중과 영가천도'등에 대해 아주 상세하게 설명하고 있습니다.

불교의 자녀사랑 기도법 / 김현준　　　　신국판　160쪽　5,500원
사랑하는 자녀들을 가장 잘 사랑할 수 있는 방법을 부처님의 가르침에 의지하여 정립하고 생활화한 책입니다. 이 책의 가르침을 따라 자녀를 사랑하고 기도해보십시오. 우리의 자녀들이 뜻하는 바 소원을 성취하고, 행복과 평화를 누릴 수 있게 될 것입니다. 부록으로 부모님께 효도하여야 하는 까닭과 방법도 수록하였습니다.

참회〈신간〉 / 김현준　　　　　　　　　　4×6판　160쪽　5,000원
참회의 원리와 공덕, 절·염불·주력을 통한 참회법, 간단하면서도 효과가 큰 오회참법, 자비축원의 참회, 이참법, 원효대사의 대승육정참회 등을 감동 깊게 엮은 책으로, 참회를 통해 깨달음을 이루고 자유로운 삶과 행복하게 사는 방법 등을 일러주고 있습니다.

**법보시를 원하시는 분은 출판사로 연락 주십시오. 할인혜택을 드립니다.
전화 02-587-6612, 582-6612 팩스 02-586-9078**

신묘장구대다라니 기도법 / 우룡스님·김현준　신국판　208쪽　7,000원
신묘장구대다라니를 외우면 생겨나는 가피와 공덕, 기도의 방법과 주의할 점, 우룡스님이 들려주는 14편의 영험담, 대다라니의 근본경전인 『무애대비심다라니경』을 수록하고 있는 이 책을 읽고 자신있게 기도하면 심중소원의 성취와 기적같은 체험도 할 수 있습니다.

기도 성취의 지름길 / 우룡스님　　　　4×6판　160쪽　4,500원
가족을 위한 기도와 기도 성취의 원리에 초점을 맞춘 감동적인 기도법문입니다. 제1부 「가족 행복을 위한 기도」에서는 가족을 향한 참회와 절의 필요성, 3배 기도의 큰 영험에 대해 일러주고 있으며, 제2부 「빠른 기도 성취의 길」에서는 믿음과 정성이 뒤따라야 기도 성취를 잘할 수 있고, 기도의 고비를 잘 넘겨야 능히 행복과 대해탈의 문이 열린다는 것을 많은 이야기를 곁들여 설하고 있습니다.

기도 이야기 / 우룡스님　　　　　　　신국판　204쪽　7,000원
"스님, 기도로 소원을 성취할 수 있습니까?" 총 6장 45편의, 참으로 재미있는 기도성취 영험담이 수록된 이 책을 읽고 기도를 하면, 불보살님과 통하는 감응의 길이 열리면서 심중소원을 빨리 성취하게 됩니다. 또한 이야기 끝에 붙인 큰스님의 해설은 기도의 방법을 쉽게 터득할 수 있도록 이끌어줍니다.

영가천도 / 우룡스님　　　　　　　　신국판　160쪽　5,500원
영가의 장애를 느끼십니까? 돌아가신 영가를 영가를 제대로 천도해 드리지 못했습니까? 영가천도의 필요성과 기본자세, 염불·독경·사경을 통한 영가천도, 49재, 낙태아 천도 등 영가천도에 관한 궁금증 및 천도의 방법을 우룡스님의 자세한 법문으로 풀어드립니다.

미타신앙·미타기도법 / 김현준　　　　신국판　160쪽　5,500원
아미타불의 참 모습에서부터 극락에서 누리는 행복, 칭명염불·오회염불·관상염불·천도염불 등의 각종 염불수행법과 함께 임종하는 이를 위한 의식과 49재 기간의 행법 등을 자세히 밝히고 있습니다.

지장신앙·지장기도법 / 김현준　　　　신국판　192쪽　6,500원
지장신앙 속에는 영가천도뿐만이 아니라 현세에서의 행복과 깨달음, 성불의 비결까지 간직되어 있습니다. 이러한 지장신앙의 여러 측면과 함께 생활 속에서 할 수 있는 지장기도법을 자세히 밝혀놓았습니다.

참회·참회기도법 / 김현준　　　　　　신국판　160쪽　5,500원
참회의 참된 의미, 절·염불을 통한 참회법, 참회인의 마음가짐, 이참법 등을 영험담들과 함께 감동 깊게 엮은 책으로, 참회를 통해 행복하고 자유로운 삶을 사는 방법을 열어주고 있습니다.

병환과 기도 / 일타스님·김현준　　　　　4×6판　84쪽　2,500원

일타큰스님의 스테디셀러

불자의 마음가짐과 수행법 / 일타스님　　　신국판 192쪽 6,500원
불자들이 큰 행복과 대자유를 얻기 위해서는 어떠한 마음가짐으로 살아야 하며, 참선·염불·간경·주력의 불교 4대 수행법을 어떻게 닦아야 하는가를 갖가지 비유를 들어 자상하게 설하고 있습니다.

불자의 기본 예절 / 일타스님　　　신국판 160쪽 5,500원
불교 예절의 근본이 되는 마음가짐과 말씨, 걸음걸이와 앉음새, 합장법, 절하는 법, 법당에서의 예절, 법문 듣는 법, 목욕·입측법 등 절집안의 생활 예절을 보다 쉽게 접할 수 있도록 많은 이야기를 곁들여 재미있게 엮었습니다.

오계이야기 / 일타스님　　　신국판 160쪽 5,500원
살생·투도·사음·망어의 근본 4계에 불음주계를 합한 5계에 대한 법문집. 재미있는 일화를 들어 각 계율의 연원과 지키는 방법, 계율을 범했을 때의 과보 등을 자세히 설했습니다. 복된 불자의 길로 나아가게 하는 불자의 필독서입니다.

● 신행과 포교를 위한 휴대용 불서 ●

행복과 성공을 위한 도담 / 경봉스님	4×6판	100쪽	3,000원
생활 속의 기도법 / 일타스님	4×6판	100쪽	3,000원
광명진언 기도법 / 일타스님·김현준	4×6판	100쪽	3,000원
보왕삼매론 풀이 / 김현준	4×6판	100쪽	3,000원
불교예절입문 / 일타스님	4×6판	100쪽	3,000원
불자의 삶과 공부 / 우룡스님	4×6판	100쪽	3,000원
바느질하는 부처님 / 김현준 엮음	4×6판	100쪽	3,000원

육조단경(덕이본德異本) 증보개정판 / 김현준 역　　4X6배판 208쪽 8,000원
육조 혜능대사께서 설한 선종의 근본 경전으로, 인간의 참된 본성을 보게 하여 마음을 치유하고 깨달음을 열어줍니다. 계속 정독하면 영성이 깨어나고 대자유인이 될 수 있습니다. 증보개정판을 내면서 한글 번역 옆에 한자 원문을 붙여 뜻을 잘 이해할 수 있도록 하였으며, 글씨를 조금 더 크고 뚜렷하게 하여 읽기 좋도록 하였습니다.

선가귀감 / 서산대사 저 김현준 역　　4X6배판 136쪽 6,000원
조선시대 최고의 고승인 서산대사께서 선禪에 대한 다양한 가르침을 중심에 두고 참회·염불·계율·육바라밀·도인의 삶 등을 간절하게 설하여 불자들의 신심과 정진에 큰 도움을 주는 소중한 책입니다. 읽으면 읽을수록 쾌락함과 깊은 맛을 느낄 수 있습니다.
　　　　　　　　　　　　　　　　　　　　　　　(한글 한문 대조본)

경봉·우룡큰스님의 스테디셀러

뭐가 그리 바쁘노(경봉대선사 일화집) / 김현준 엮음
삶! 이렇게 살아라, 좌절에 빠진 이들에게, 일상 속의 스님 모습 등 총 8장 73가지 일화를 담은 이 책 속에는 우리의 정신을 번쩍 깨어나게 하고 새로운 기운을 불러 일으키는 일화들을 비롯하여, 스님께서 제자·시자·신도·수행자들과 함께한 일상 생활 속의 참모습들이 생생하게 묘사되어 있습니다. 4×6판 180쪽 5,000원

참 생명을 찾는 경봉스님 가르침 / 김현준   신국판 192쪽 6,500원
경봉스님의 참 생명을 찾는 공부 방법과 도와 인생의 실체, 이 사바세계를 무대로 삼아 멋있게 사는 법 등을 다양한 이야기와 함께 엮은 책입니다..

도와 함께하는 행복과 성공 / 김현준 엮음   신국판 160쪽 5,500원
경봉대선사께서 행복은 어디에 있고 어디에 깃들며, 어떻게 할 때 성공하는가? 복 짓는 법과 성공에 있어 가장 필요한 것은 무엇인가를 설한 책입니다..

바보가 되거라(경봉스님 일대기) / 김현준 엮음   신국판 224쪽 7,500원

불교신행의 주춧돌 / 우룡스님   신국판 240쪽 8,000원
신행생활 속에서 자주 겪게 되는 시행착오를 미리 피하고, 올바른 정진을 하여 깨달음의 세계로 나아가는데 꼭 필요한 마음가짐과 신행방법 등을 자상한 문체와 일화들로 알기 쉽게 엮었습니다.

정성 성誠이 부처입니다 / 우룡스님   신국판 240쪽 8,000원
'정성 성'이 부처요, 모든 것이 부처님 하는 일. 대우주와 하나되는 삶, 마음 단속과 마음 열기, 마음 다스리기, 번뇌와 업장을 비우는 방법 등을 쉽게 일러주고 있습니다.

불자의 행복 찾기 / 우룡스님   신국판 190쪽 6,500원
우룡스님 설법의 결정판. ① 복 받기를 원하거든 ② 보시로 이루는 큰 복 ③ 아상과 무주상 ④ 행복과 기도의 총 4장으로 나누어져 있는 이 책을 읽다 보면 복 짓고 복 쌓고 복 받는 방법과 원리를 저절로 터득할 수 있게 됩니다.

신심으로 여는 행복 / 우룡스님   신국판 192쪽 6,500원
믿음과 기도, 신심을 키우는 방법, 신심 속에서 나타나는 가피와 성취, 윤회에 대한 믿음, 불성의 발현과 믿음, 가정과 나를 살리는 실천법 등이 수록되어 있습니다.

불자의 살림살이 / 우룡스님   신국판 160쪽 5,500원
참된 불자의 살림살이가 무엇인지, 특히 가족을 향한 참회와 복 짓는 방법, 평온을 얻고 지혜를 이루는 방법을 쉽고도 일목요연하게 설한 법문집입니다.

불교의 수행법과 나의 체험 / 우룡스님   신국판 160쪽 5,500원
염불 및 주력수행법, 기도를 잘하는 법, 경전공부의 방법, 참선 수행법, 수행과 업장소멸, 수행정진의 비결 등을 스님의 체험을 예로 들면서 재미있게 엮었습니다.

알기 쉬운 경전 해설서

생활 속의 반야심경 / 김현준 신국판 240쪽 8,000원
공空의 의미, 모든 괴로움의 원인과 괴로움에서 벗어나는 방법, 색즉시공 공즉시색의 참뜻, 걸림 없고 진실불허한 삶을 이루는 방법 등을 반야심경의 경문을 따라 쉽고 상세하고 재미있게 풀이하고 있습니다.

화엄경 약찬게 풀이 / 김현준 신국판 216쪽 7,000원
불자들이 자주 독송하는 화엄경약찬게! 화엄경약찬게를 그냥 읽으면 참으로 어렵고 무슨 내용인지 알 수 없지만 이 풀이를 본 다음에 읽으면 약찬게를 명확히 파악할 수 있게 될 뿐 아니라 화엄경의 내용까지 꿰뚫어 환희심이 샘솟고 대화엄의 세계에서 노닐 수 있게 됩니다.

생활 속의 천수경 (개정판) / 김현준 신국판 240쪽 8,000원
천수관음이 출현하신 까닭, 천수관음을 청하는 법과 가피를 얻는 법, 신묘장구대다라니의 풀이와 공덕, 찬탄의 공덕과 참회성취의 비결, 준제기도 및 주요 진언 속에 깃든 의미, 여래 십대발원문 사홍서원 삼귀의 의미 등을 상세히 풀이하였습니다.

생활 속의 금강경 / 우룡스님 신국판 304쪽 9,000원
금강경의 심오한 내용을 알기 쉽게 풀이하고 일상생활과 접목시켜 강설함으로써 삶의 현장에서 금강경의 가르침을 능히 응용할 수 있도록 하였고, 감동을 주는 일화들을 많이 삽입하여 재미를 더해주고 있습니다.

생활 속의 관음경 / 우룡스님 신국판 240쪽 8,000원
관세음보살보문인 관음경을 통하여 관세음보살의 본질, 일심칭명과 재난 소멸법, 공경 예배와 소원 성취법, 관세음보살을 관하는 법 등에 대해 여러 가지 영험담과 함께 감동적으로 풀이하고 있습니다.

생활 속의 보왕삼매론 / 김현준 신국판 240쪽 8,000원
『보왕삼매론』을 해설한 이 책은 병고 해탈, 고난 퇴치, 마음공부와 마장 극복, 일의 성취, 참사랑의 원리, 인연 다스리기, 공덕 쌓는 법, 이익과 부귀, 억울함의 승화 등 누구나 인생살이에서 겪게 되는 장애들을 속 시원하게 뚫어주고 있습니다.

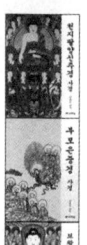

천지팔양신주경 사경 (1책으로 3번 사경) 4×6배판 112쪽 4,500원
옛부터 건축·결혼·출산·사업·죽음 등 평생의 삶 중에서 중요한 때마다 읽고 쓰면 크게 길하고 이롭고 장수하고 복덕을 갖추게 된다고 전해지고 있습니다.

부모은중경 사경 (1책으로 3번 사경) 4×6배판 112쪽 4,500원
부처님께서는 부모님의 은혜를 새기면서 이 경을 쓰게 되면 그 어떤 행보다 큰 공덕이 생겨난다고 하였습니다. 정성 들여 사경하면 뜻하는 바가 이루어집니다.

보왕삼매론 사경 (1책으로 50번 사경) 4×6배판 120쪽 4,500원
보왕삼매론을 사경하면 재앙이 소멸됨은 물론이요 생활 속의 걸림돌이 디딤돌로 바뀌고 고난이 사라져 하루하루가 편안해집니다.

보현행원품 한글사경 (1책으로 3번 사경) 4×6배판 120쪽 4,500원
행원품을 사경하면 자리이타의 삶과 업장 참회, 신통·지혜·복덕·자비 등을 빨리 이룰 수 있고 세세생생 불법과 함께하며 보살도를 성취할 수 있습니다.

약사경 한글사경 (1책으로 3번 사경) 4×6배판 112쪽 4,000원
약사경을 사경하면 약사여래의 가피가 저절로 찾아들어, 병환의 쾌차, 집안 평안, 업장소멸을 비롯한 갖가지 소원을 쉽게 성취할 수 있습니다.

영험 크고 성취 빠른 각종 사경집 (책 크기 4×6배판)

광명진언 사경 (가로쓰기:1080번 사경)　　　　　　128쪽　5,000원
광명진언 사경 (세로쓰기:1080번 사경)　　　　　　128쪽　5,000원
눈으로 보고 입으로 외우고 손으로 쓰고 마음으로 새기는 광명진언 사경은 크나큰 성취를 안겨줍니다.

금강경 한글사경 (1책으로 3번 사경)　　　　　　　144쪽　5,500원
금강경 한문사경 (1책으로 3번 사경)　　　　　　　144쪽　5,500원
금강경 한문한글사경 (1책으로 1번 사경)　　　　　100쪽　4,000원
요긴하고 으뜸된 경전인 금강경을 사경해 보십시오. 업장소멸과 함께 크나큰 깨달음과 좋은 일들이 저절로 다가옵니다.

아미타경 한글사경 (1책으로 7번 사경)　　　　　　116쪽　4,500원
살아 생전 또는 부모나 가까운 분이 돌아가셨을 때 이 경을 쓰면 극락왕생이 참으로 가까워집니다.

반야심경 한글사경 (1책으로 50번 사경)　　　　　116쪽　4,500원
반야심경 한문사경 (1책으로 50번 사경)　　　　　116쪽　4,500원
반야심경을 사경하면 호법신장이 '나'를 지켜주고, 공의 도리를 깨달아 평화롭고 안정된 삶이 함께 합니다.

신묘장구대다라니 사경 (50번 사경)　　　　　　　116쪽　4,500원
대다라니를 사경하면 관세음보살님과 호법신장들이 '나'와 주위를 지켜주고 소원성취와 동시에, 행복하고 자비심 가득한 마음을 가질 수 있도록 해줍니다.

천수경 한글사경 (1책으로 7번 사경)　　　　　　　112쪽　4,500원
천수경을 사경하고 독송하면 천수관음의 가피가 저절로 찾아들어, 업장 및 고난의 소멸과 갖가지 소원을 쉽게 성취할 수 있습니다.

관음경 한글사경 (1책으로 5번 사경)　　　　　　　112쪽　4,500원
관음경을 사경하면 늘 행복이 함께하며, 학업성취·건강쾌유·자녀의 성공·경제 문제 등에도 영험이 매우 큽니다.

지장경 한글사경 (1책으로 1번 사경)　　　　　　　144쪽　5,500원
지장경을 사경하고 독송하면 영가천도는 물론이요, 각종 장애가 저절로 사라지고 심중의 소원이 성취됩니다.

아미타불 명호사경 (1책으로 5,400번 사경)　　　　160쪽　6,000원
'나무아미타불'과 '아미타불'을 오회염불법에 따라 외우고 쓰는 특별한 명호사경집입니다. 집중력을 더하여, 심중 소원 성취에 큰 도움을 줍니다.

관세음보살 명호사경 (1책으로 5천4백번 사경)
지장보살 명호사경 (1책으로 5천번 사경)　 각 권 108쪽　4,500원
'관세음보살'이나 '지장보살'의 명호를 쓰면서 입으로 외우고 마음에 새기면, 관세음보살님과 지장보살님의 가피를 입어 몸과 마음이 큰 변화를 이루고, 마음속의 원을 능히 성취할 수 있습니다.

많이 찾는 기도 독송용 경전

한글 『법화경』과 『법화경 한글사경』

불교 최고 경전인 법화경! 이 경을 독송하고 사경해 보십시오.
소원성취는 물론 깨달음과 경제적인 풍요까지 안겨줍니다.

법화경 (독송용) 김현준 역   4×6배판   총 22,000원
전3책 제1·2책 176쪽 7,000원 제3책 192쪽 8,000원

법화경 한글사경 김현준 역   4×6배판   총 22,500원
전5책 각권 120쪽 내외 권당 4,500원

지장경 / 김현준 편역   4×6배판 208쪽 8,000원

이 책은 지장기도를 하는 분들을 위해 ① 지장경을 처음부터 끝까지 1번 독송,
② '나무지장보살'을 천번염송,   ③ 지장보살예찬문을 외우며 158배,
④ '지장보살' 천번 염송의 4부로 나누어 특별히 만들었습니다.
지장경 독경 및 지장보살예참과 염불을 할 때, 각 장 앞에 제시된 기도법에 따라
기도를 하면, 영가천도·업장소멸·소원성취·향상된 삶을 이룩할 수 있습니다.

자비도량참법 / 김현준 역   양장본 528쪽 22,000원

참되이 참회하시기를 원하십니까? 자비도량참법 기도를 하면 나의 허물과 죄업의
참회에서 시작하여 부모 스승 친척 등 육도 속을 윤회하는 온 법계 중생의 업장과
무명까지 모두 소멸시켜주며, 자비가 충만해지고 환희심이 넘쳐나게 됩니다.

원각경 / 김현준 편역   4×6배판 192쪽 8,000원

한국불교의 근본 경전인 원각경을 수십 차례 번역·수정·윤문하여 쉽게 이해할 수 있도록 하
였습니다. 한글과 원문을 바로 옆에 두어 대조하며 읽을 수 있습니다.

유마경 / 김현준 역   4×6배판 296쪽 12,000원

보살의 병, 불도란 어떤 것인가? 깨달음의 세계로 들어가는 불이법문, 참된 불국토를 건설하는
방법 등등 매우 소중한 가르침들을 가득 담고 있는 이 경을 읽다보면 마음이 탁 트입니다.

승만경 / 김현준 편역   4×6배판 144쪽 6,000원

여인의 성불 수기와 함께 승만부인의 서원, 정법·번뇌·법신·일승·사성제·자성청정심·여
래장사상 등을 분명히 밝힌 보배로운 경전입니다.(한글 한문 대조본)

보현행원품 / 김현준 편역   4×6배판 112쪽 4,500원

행원품과 예불대참회문을 함께 실어 독경 후 행원품에 근거한 정통 108배를 행할 수 있도록
만들었으며, 독송 방법과 대참회의 의미 등도 상세히 설명하였습니다.

밀린다왕문경 / 김현준 편역   신국판 204쪽 7,000원

그리스 왕인 밀린다와 불교 승려인 나가세나가 인생과 불교에 대해 대론한 것을 정리한 경전.
윤회·업·수행·지혜·해탈 등에 대한 조리정연한 번역이 신심을 더욱 불러일으킵니다.